MÜTTER.
MACHT.
POLITIK.

Ein Aufruf!

SARAH ZÖLLNER
AURA-SHIRIN RIEDEL

MÜTTER. MACHT. POLITIK.

Ein Aufruf!

magas verlag

Erstausgabe September 2023

Buchcover: Sarah Zöllner /sarahzoellner.com/
und Aura-Shirin Riedel /www.mamaundgesellschaft.de/
Lektorat: Thea Göhring
Satz: Miriam Hase /miriamhase.de/
Gesetzt in: Calluna + Calluna Sans
Druck und Einband: druk-24h /druk-24h.com.pl/
Gedruckt auf: 1,5 Munken Cream 80g
Printed in the EU

ISBN: 978-3-949537-11-0

Für unsere Mütter.
Für unsere Töchter und Söhne.

„Den Systemwandel den Betroffenen zu überlassen, also den jungen Müttern, pflegenden Angehörigen und Pflegekräften, wird nicht funktionieren."

Sascha Verlan, Mitinitiator des "Equal Care Day"

„Letztlich ist die Frage:
Wofür brauchen wir Ökonomie?
Ökonomie ist kein Selbstzweck. Vielmehr soll etwas erwirtschaftet werden, was uns ein gutes Leben ermöglicht. Was also ist ein gutes Leben?"

Prof. Dr. Bettina Kohlrausch

Inhaltsverzeichnis

Mütter, macht Politik! Warum wir dieses Buch geschrieben haben

Wir sind Mütter. Und wir haben die Schnauze voll. Vom zehnten Ratgeber, der uns sagt, wie wir unsere Partnerschaft gleichberechtigt gestalten können. Von gut gemeinten Tipps, wie wir uns als Frauen und Mütter in einer männerdominierten Wirtschaft behaupten. Vom ständigen Jonglieren zwischen den Bedürfnissen unserer Kinder und dem, was die Gesellschaft als offensichtlich weit wichtiger erachtet: berufliche Verfügbarkeit, Flexibilität und die Optimierung unseres privaten Lebens. Dieses Buch haben wir um vier Uhr nachts geschrieben und um zehn Uhr morgens, manchmal genau dann, wenn schon wieder der Anruf aus der Kita kam: „Ihr Kind ist krank, bitte holen Sie es ab!" Oder nachdem wir morgens erfahren hatten: Es wird lediglich eine „Notbetreuung" angeboten, wer nicht arbeitet, soll sein Kind bitte zuhause lassen. Mit Arbeit ist dabei nur genau eines gemeint: Die Erwerbstätigkeit außer Haus. Die verlässliche, liebevolle Betreuung unserer Kinder, die täglich damit verbundene Anstrengung und nie enden wollende Verantwortung: Privatsache. Zumindest in einer Gesellschaft, die familiäre Fürsorge genau dazu macht.

Als Mütter tragen wir statistisch belegt den weit überwiegenden Teil dieser familiären Verantwortung.

Und genau dadurch wirft unsere Situation ein Schlaglicht auf die gesellschaftlichen Missstände, die den Alltag von Menschen, die für andere sorgen, oft nur zu einem machen: anstrengend, erschöpfend – und manchmal kaum zu bewältigen. Wütende Posts in den sozialen Medien und inzwischen auch ganze Bücher berichten davon.

Wir möchten mit diesem Buch nicht in ein Lamento einstimmen, wie schlecht es Müttern geht. Mütter sind keine hilflose, homogene und still vor sich hin leidende gesellschaftliche Gruppe. Aber Fakt ist: Wir sind als gesellschaftliche Gruppe aktuell hoch belastet. Wir stehen nicht nur täglich unter Zeitdruck, sondern haben nach der Geburt unserer Kinder allzu oft schlechtere berufliche Chancen und sind ganz real von Altersarmut bedroht. Das alles ist aber nicht „unsere Schuld", etwa, weil wir uns für Kinder entschieden haben. Wir haben uns diese Situation nicht ausgesucht, sondern wurden in sie hineinmanövriert, ohne dass wir eine Wahl hatten.

Was uns als Mütter auslaugt und lähmt, sind nicht etwa unsere Kinder, sondern gesellschaftliche Rahmenbedingungen, die sich dringend ändern müssen. Zuvorderst eine Ökonomie, die Familie lediglich als Konsumeinheit begreift. Einfacher gesprochen: Wir tun so, als sprießten Arbeitskräfte einfach aus dem Boden, und machen damit den ökonomischen Mehrwert mütterlicher Arbeit unsichtbar. Gleichzeitig wird überall dort, wo Mütter dem erwerbstätigen Partner oder der erwerbstätigen Partnerin „den Rücken freihalten", indem sie den weit überwiegenden Teil des Tages die Kinder betreuen, das Ungleichgewicht in den Familien zementiert – und letztlich in der Gesellschaft im Ganzen. Mütter sind nicht nur in Führungspositionen weniger vertreten und haben dadurch weniger Einfluss- und Gestaltungsmöglichkeiten. Sie fehlen darüber hinaus in politischen Gremien, wo wichtige Sitzungen, Diskussionen und Abstimmungen abends stattfinden. Sie fehlen in Hochschulen und Institutionen, wo Arbeitsabläufe eben gerade nicht darauf ausgerichtet sind, neben der Forschung noch für andere zu sorgen. Und natürlich haben wir Mütter im Durchschnitt ganz konkrete Nachteile, was unser Einkommen, unsere beruflichen Aufstiegschancen, überhaupt unsere Lebensqualität betrifft.

Und – tata – natürlich ist das *nicht* nur unsere Angelegenheit als Mütter. Denn es ist von Bedeutung, ob die weibliche Perspektive – und damit die Perspektive von Menschen, die Fürsorgeverantwortung übernehmen, – bei politischen Entscheidungen berücksichtigt wird. Ob bei der Städteplanung mitgedacht wird, was Familien, alte Menschen und Kinder brauchen. Ob Arbeitszeiten und -abläufe so gestaltet sind, dass daneben auch ein gutes Leben als Familie möglich ist. Ob unser Steuersystem Menschen begünstigt, die sich kinderlos für die Ehe entschieden haben – oder Menschen, die unverheiratet, alleinerziehend oder als Wahlverwandte ihren Kindern ein Zuhause geben. Es macht einen Unterschied, ob unser Fokus als Gesellschaft auf immer weiterem wirtschaftlichem Wachstum und der Ausbeutung unserer (menschlichen) Ressourcen liegt – oder wir endlich begreifen, dass ein Leben als Gemeinschaft nicht dauerhaft möglich ist, wenn wir es auf Kosten der Schwächsten leben. Kinder und diejenigen, die für sie sorgen, sind die wichtigste Ressource unserer Gesellschaft. Wir aber behandeln sie als lästiges Extra, das zu funktionieren hat, damit möglichst alles reibungslos weiterläuft; dem wir aber letztlich seine eigentliche Qualität absprechen.

Mütter *müssen*, so wie unsere Gesellschaft aktuell organisiert ist, an den Rand gedrängt, beruflich benachteiligt und abgewertet werden. Nur wenn wir familiäre Fürsorge als kostenlose und stets verfügbare Ressource behandeln – wie übrigens planetare Ressourcen auch –, erlaubt uns das, sie gnadenlos auszubeuten. Begleitet wird diese strukturelle Abwertung durch eine ideelle Abwertung von Mutterschaft. Denn nur, wenn wir die Leistung von Müttern und Menschen, die für andere täglich sorgen, kleinreden und zur Selbstverständlichkeit machen, können wir überhaupt als Gesellschaft den Raubbau daran rechtfertigen. Wer sich sein „Los" selbst ausgesucht hat, kann schlecht fordern, dass sich die Rahmenbedingungen, unter denen er oder sie nun lebt, verändern. Das „selbst Schuld" schwebt über allem und ist letztlich die Ausrede dafür, an genau den Strukturen, die Müttern schaden, nichts zu ändern.

Was also tun? Dummerweise nehmen genau die Rahmenbedingungen, unter denen Mütter leben, vielen von uns schlicht die Kraft, uns gegen sie aufzulehnen.

Gerade mit kleinen Kindern fehlt uns einfach die Zeit und Energie dazu. „Den Systemwandel den Betroffenen zu überlassen, also den jungen Müttern, pflegenden Angehörigen und Pflegekräften, wird nicht funktionieren", formuliert es Care-Aktivist Sascha Verlan im Interview mit uns.

Was wir brauchen, sind somit Menschen, die die Kraft aufbringen können, die uns Müttern im Alltag oft fehlt. Die Zeit für zähe Verhandlungen haben. Die ihre Forderungen hartnäckig wiederholen und eben auch politischen Einfluss haben. Wir brauchen Fürsprecher:innen, die für uns Mütter und mit uns Müttern ihre Stimme erheben. All diese Menschen gibt es natürlich. In Institutionen, Verbänden und auch Unternehmen. Aber oft finden sie nur in engen (Fach-) Kreisen Gehör. Unter Menschen, die sich ohnehin bereits einsetzen. Was noch fehlt, sind breite gesellschaftliche Allianzen.

Wir geben Wissenschaftlerinnen, Verbandssprecherinnen, Unternehmerinnen und Aktivistinnen und Aktivisten mit unserem Buch den Raum, die politischen Interessen von Müttern zu vertreten. Auch wer gerade keine Zeit findet, sich in die Themen einzuarbeiten, findet hier alle wichtigen Forderungen auf einen Blick. Den Expert:innen in diesem Buch zuzuhören lohnt sich. Weil sie zeigen: Veränderung ist möglich! Weil sie durch ihre jahrelange Erfahrung genau sagen können, wo es hakt und wie und wo Dinge bereits neu gedacht und gemacht werden.

Eine mütter- und damit menschenfreundliche Gesellschaft ist keine Utopie. Aber wir erreichen sie eben auch nicht „einfach so“. Wer Mütter stärkt, muss Menschen auf die Füße treten. Nämlich genau denen, die aktuell von der kostenlosen „Ressource Mutterschaft“ gut leben. Wir haben es als Mütter satt, uns ausbeuten und in Beruf und sozialem Leben an den Rand drängen zu lassen. Wir wollen mehr: eine Gesellschaft, die tatsächlich inklusiv ist. Die allen Menschen die Chance auf ein gutes und menschenwürdiges Leben gibt. Gerade auch denen, die durch ihre Fürsorge für andere den sozialen Zusammenhalt dieser Gesellschaft sichern.

Wie dieses Buch aufgebaut ist

Gesundheit, Wohnen, Arbeit, soziale Absicherung und gesellschaftliche Werte: Die Aspekte unseres Lebens als Mütter sind vielfältig und hängen doch alle zusammen. In fünf Kapiteln wenden wir uns jedem dieser Bereiche zu. Um die strukturellen Probleme sichtbar zu machen, die uns als Müttern begegnen, haben wir einerseits aktuelle Studien ausgewertet. Damit zeigen wir, dass Mütter nicht persönlich versagen, wenn beispielsweise nicht genug Rente zum Leben übrigbleibt oder sie den Anforderungen des Arbeitsmarktes nicht gerecht werden können. Auf der anderen Seite wollten wir wissen, welche Bedingungen wir als Mütter brauchen, um wirklich gleichberechtigt an der Gesellschaft teilhaben zu können. Dazu haben wir in jedem Kapitel ausführliche Interviews mit Expert:innen geführt, die sich bereits seit Jahren für die Interessen von Müttern und Menschen, die für andere sorgen, einsetzen. Schließlich setzen wir am Ende jedes Teilkapitels Handlungsimpulse für die Politik, aber auch für unsere Leser:innen. Damit möchten wir jede und jeden ermutigen, selbst Teil eines strukturellen Wandels zu werden, der die Fürsorge umeinander zum Leitprinzip unserer Gesellschaft macht.

Weil sie eine Grundvoraussetzung für ein gutes Leben ist, beginnen wir mit unserer Gesundheit, zu der für uns als Mütter auch die Geburt unserer Kinder zählt. Über die aktuellen Bedingungen in der Geburtshilfe haben wir mit der Präsidentin des Deutschen Hebammenverbands, Ulrike Geppert-Orthofer, gesprochen. Über die gesundheitliche Situation von Müttern und wie wir sie verbessern können haben wir uns mit der Geschäftsführerin des Müttergenesungswerks, Yvonne Bovermann, unterhalten. Im zweiten Kapitel wenden wir uns dem Lebens- und Wohnumfeld von Müttern zu. Dazu haben wir zunächst mit Ute Latzel gesprochen. Sie ist Geschäftsführerin des Mütter- und Familienzentrums Bad Nauheim und Mitglied im Steuerungskreis des Verbands der Mütterzentren. Mit Dr. Mary Dellenbaugh-Losse, einer der führenden Expert:innen für gendergerechte Stadtentwicklung, haben wir uns über eine Stadt- und Raumplanung, die die Bedürfnisse von Familien berücksichtigt, ausgetauscht. Das dritte Kapitel widmen wir dem Thema Beruf und Karriere und fragen nach Bedingungen, die echte Vereinbarkeit ermöglichen. Dazu haben wir ein Interview mit der Vorsitzenden des Verbands berufstätiger Mütter e.V., Cornelia Spachtholz, geführt. Außerdem haben wir die Geschäftsführerin von „Wildling Shoes", Anna Yona, gefragt, wie ein Unternehmen, das Mütter unterstützt, strukturiert sein muss. Im vierten Kapitel beschäftigen wir uns mit der finanziellen Situation von Müttern. Dazu haben wir ein Gespräch mit Anja Weusthoff und Silke Raab, Vertreterinnen des DGB Frauen, geführt. Außerdem haben wir mit Daniela Jaspers, der Bundesvorsitzenden des Verbands alleinerziehender Mütter und Väter e.V., darüber gesprochen, wie die Armut Alleinerziehender beseitigt werden kann. Im fünften Kapitel nehmen wir die Normen und Werte unserer Gesellschaft in den Blick, die als kultureller Überbau die gesellschaftlichen Bedingungen des Mutterseins bestimmen. Dazu haben wir mit der Soziologin und Direktorin des Wirtschafts- und Sozialwissenschaftlichen Instituts der Hans-Böckler-Stiftung, Prof. Bettina Kohlrausch, gesprochen. Außerdem mit Sascha Verlan, der zusammen mit seiner Frau Almut Schnerring den Equal-Care-Day erfolgreich initiierte.

Im letzten Kapitel fassen wir nochmals alle Erkenntnisse und Forderungen aus den Interviews zusammen und wagen den Ausblick in eine Gesellschaft, die nicht nur Mütter stärkt, sondern alle ihre Mitglieder. Am Ende des Buches haben wir Initiativen und Verbände zusammengetragen, in denen jede und jeder Einzelne politisch aktiv werden und auf diese Weise einen Beitrag leisten kann. Wir wünschen euch als unseren Leser:innen eine spannende und erkenntnisreiche Lektüre!

1

Gesundheit und Wohlbefinden

Wie wir besser füreinander sorgen

„Das „Empowerment“ der Frauen unter der Geburt spielt für den Geburtsverlauf eine bedeutende Rolle.“

Ulrike Geppert-Orthofer

1.1 Interview mit Ulrike Geppert-Orthofer, Präsidentin des deutschen Hebammenverbands

Mit Schweißperlen auf der Stirn, unvorstellbaren Schmerzen und viel Dramatik – so angsteinflößend wird Geburt in Film und Fernsehen häufig dargestellt. Am Ende liegt die Frau unter viel Geschrei passiv auf dem Rücken, während ein männlicher Arzt das Kind aus ihr heraus und auf die Welt holt. Diese Vorstellung von Geburt hat sich tief in unserem kollektiven Bewusstsein festgesetzt. Eine von der Mutter selbst geleitete und mit Zeit und Ruhe gestaltete Geburt ist dagegen etwas Besonderes, ja, oft Unmögliches. Warum ist Selbstbestimmung unter der Geburt selbst in einer emanzipierten Gesellschaft ungewöhnlich? Dass wir keine außerirdischen Wesen sind und zwingend durch eine Frau geboren werden müssen, ist offenbar in Vergessenheit geraten. Anders kann man sich die derzeitige Situation in der Geburtshilfe nicht erklären.

Wir möchten in diesem Kapitel drei Fragen klären:

1. **Wie geht es Müttern in der Geburtshilfe heute?**
2. **Was muss sich verändern?**
3. **Wo wird Veränderung bereits umgesetzt und welche Schlüsse für die deutsche Geburtshilfe lassen sich daraus ziehen?**

Eine „gute“ Geburt, in der die Bedürfnisse von Mutter und Kind berücksichtigt werden, ist nicht nur für Mütter wichtig. Vielmehr hat das Geburtserlebnis lebenslange Auswirkungen auch auf unsere Kinder und die gesamte Familie. Damit ist die Geburt nicht nur Voraussetzung des Lebens überhaupt, sie bildet auch die Grundlage für die psychische und physische Verfassung unserer Gesellschaft. Nehmen wir den gesellschaftlichen Wert einer guten Geburt ernst, dürfen wir sie nicht als individuelle Angelegenheit betrachten. Vielmehr müssen wir uns fragen: unter welchen Bedingungen gebären Frauen heute und wie können wir sie verbessern?

Wir haben eine Frau gefragt, die es wissen muss: Ulrike Geppert-Orthofer ist seit 2017 Präsidentin des Deutschen Hebammenverbandes (DHV). Im Jahr 2021 initiierte ihr Berufsverband gemeinsam mit Eltern und anderen Berufsgruppen das „Zukunftsforum Geburtshilfe“. Hier werden nicht nur künftige Herausforderungen besprochen, sondern auch konkrete Visionen für die Geburtshilfe formuliert. Die frauzentrierte Geburtshilfe ist kein „Nice-to-have“, sondern die Grundvoraussetzung für eine gute Geburt, erklärt Frau Geppert-

Orthofer Ende 2021 im Gespräch. Ziel der Initiative ist es, Antworten auf die grundlegende Frage zu finden: Was ist uns der Beginn des Lebens wert?

Frau Geppert-Orthofer, wie ist die aktuelle Lage in den Kreißsälen aus Hebammensicht?

„*Die Versorgungssituation von Frauen in Krankenhäusern ist mancherorts wirklich sehr schwierig. Wir haben 2015 vom Deutschen Hebammenverband eine Studie in Auftrag gegeben, die belegt, dass jede fünfte Frau ihren Freundinnen ihre Geburtsabteilung nicht empfehlen würde, weil sie die Geburtshilfe dort als nicht gut genug bewertet. 2019 gab es zudem ein vom Bundesministerium für Gesundheit in Auftrag gegebenes Gutachten. Dieses hat noch einmal eine deutliche Verschärfung der Lage gezeigt. Und während der Corona-Pandemie ist es noch schwieriger geworden. […]*

Wenn eine Hebamme unter der Geburt gleichzeitig zwei, drei oder vier Frauen betreut, kann sie unter Umständen nicht feststellen, ob eine Notsituation entsteht. Wenn eine Frau beispielsweise beginnt, verstärkt vaginal zu bluten, der Blutzucker des Kindes sinkt oder es gar aufhört zu atmen. Diese Dinge nehme ich nur wahr, wenn ich Zeit habe und wirklich bei der Frau bin. […] Die personale Unterbesetzung belegt auch die IGES-Studie zur stationären Hebammenversorgung aus dem Jahr 2019. Demnach betreuen in einem normalen Dienst 16 Prozent der Hebammen nur eine, 67 Prozent zwei und 16 Prozent drei und mehr Frauen.

Bei unterdurchschnittlicher Besetzung betreuen allerdings alle Hebammen mehr als eine Frau. 15 Prozent betreuen zwei Frauen, 51 Prozent drei und ein Drittel vier oder mehr Frauen. Und hierbei sprechen wir von Frauen während der aktiven Geburtsphase! […] Man sagt immer, Grund für diesen Zustand sei der ökonomische Druck – das mag in der akuten Situation so sein. Ich glaube aber vielmehr, dass die Geburtshilfe gesellschaftlich nicht so wertgeschätzt wird, wie es eigentlich der Fall sein sollte.“

Der Hebammenmangel in Kliniken ist nicht neu. Aber welche konkreten Auswirkungen hat das für uns Mütter unter der Geburt? Der Verein Motherhood e.V. hat Geburtsberichte gesammelt von Frauen, die während der Corona-Pandemie ihr Kind bekommen haben.

> i **Mother Hood e.V.** ist eine Bundeselterninitiative zum Schutz von Mutter und Kind während Schwangerschaft, Geburt und erstem Lebensjahr. Auslöser für die Gründung war ein drohender Mangel freiberuflicher Hebammen im Jahr 2015, dem sich die Initiative entgegenstellen wollte. Mother Hood e.V. ist in ganz Deutschland in Regionalgruppen aktiv. Der Verein ist Mitglied im Netzwerk der Elterninitiativen für Geburtskultur und international vernetzt.

Viele berichten von geradezu erschreckenden Zuständen. Sie wurden während der Eröffnungsphase mit zum Teil starken Wehen allein gelassen, ihre Partner durften den Kreißsaal erst spät oder gar nicht betreten oder mussten unmittelbar nach der Geburt das Krankenhaus wieder verlassen. Die werdenden Mütter wurden zum Teil zu medizinischen Eingriffen genötigt und in ihrer Würde und Integrität als Frau nicht wahrgenommen. Gewalt unter der Geburt ist aber kein Phänomen, das auf die Zeit der Pandemie beschränkt ist. Die Initiative „Roses Revolution" berichtet von 627 Fällen von Gewalt unter der Geburt in Deutschland allein im Jahr 2021.[1] Da die Gewalt im Kreißsaal ein gesellschaftliches Tabu ist und keine Zahlen zu diesem Thema erfasst werden, dürfte die Dunkelziffer weit höher liegen. Acht von zehn Interventionen erfolgten laut Angaben der Betroffenen ohne Zustimmung der werdenden Mutter, jede vierte ohne explizite Aufklärung.

Roses Revolution: Der Roses Revolution Day wurde im Jahr 2011 in Spanien von der Geburtsaktivistin Jesusa Ricoy ins Leben gerufen. Seit 2013 gibt es den Aktionstag auch in Deutschland. Die inzwischen als Verein organisierte Initiative setzt sich für eine gewaltfreie Geburtshilfe ein und unterstützt betroffene Familien als erste Anlaufstelle nach erlebter Gewalt während Schwangerschaft, Geburt und/oder im Wochenbett.

Mit der Ausgestaltung der Mutterschaftsrichtlinien, die bezeichnenderweise ohne Beteiligung von Hebammen stetig weiterentwickelt werden, wurde das „Risikofaktorenmodell“ zum vorrangigen Ziel ärztlicher Schwangerenvorsorge.[2] Waren es 1975 noch 17 Risikofaktoren, so sind im aktuellen Mutterpass 56 Schwangerschafts- und Geburtsrisiken aufgelistet. Bei fast 80 Prozent der Schwangeren wurden im Jahr 2019 eines oder mehrere Geburts- und/oder Schwangerschaftsrisiken angekreuzt. Während 2009 noch jede vierte Frau als Risikoschwangere eingestuft wurde, war es 2017 bereits jede dritte. Ob die massiv gestiegene Risikobewertung Geburten tatsächlich sicherer macht, ist umstritten. Die Fokussierung auf mögliche Gefahren schürt nicht nur Ängste bei den Schwangeren, die erwiesenermaßen negativen Einfluss auf das Geburtsgeschehen nehmen.[3] Sie hat im Klinikalltag auch einen erheblichen Anstieg der Interventionen befördert. Noch bis in die 60er und 70er Jahre war die „begründete Nichtintervention“ die übliche Vorgehensweise in der Geburtshilfe. Dieses Vorgehen wurde allmählich von der medizinischen Vorstellung abgelöst, möglichst frühzeitig zu intervenieren, um jedes Risiko zu vermeiden.[4]

Der Wechsel der Perspektive von Geburt als einem natürlichen Prozess zu einem pathologischen Zustand hat dazu geführt, dass Frauen kaum noch selbstbestimmt und ohne Fremdeinwirkung gebären können oder dürfen. In Deutschland erleben heute nur rund acht Prozent der gesunden Schwangeren eine Geburt ohne medizinische Eingriffe, also ohne Interventionen wie Wehentropf, Dammschnitt, Saugglocke oder beispielsweise Periduralanästhesie, kurz PDA, eine rückenmarksnahe Narkose.[5] Gleichzeitig wird die Wahrscheinlichkeit für eine vaginal-operative Entbindung sowie für einen ungeplanten Kaiserschnitt durch vorangegangene Interventionen – insbesondere Wehenmittelgabe – erhöht.[6] Der Kaiserschnitt ist der häufigste operative Eingriff bei Frauen. In Deutschland endet rund jede dritte Geburt mit einem Kaiserschnitt. In den ersten Lockdown-Monaten im Coronajahr 2020 hat sich die Quote noch einmal um rund 3 Prozent erhöht.[7] Im Vergleich dazu wurde 1997 nur knapp jedes fünfte Kind mit Kaiserschnitt entbunden. Aktuell übersteigt die Sectiofrequenz in vielen Industrienationen die von der Weltgesundheitsorganisation (WHO) empfohlenen zehn bis fünfzehn Prozent[8].

Die World Health Organisation (WHO) ist eine Sonderorganisation der Vereinten Nationen mit Sitz in Genf. Die Weltgesundheitsorganisation koordiniert das internationale öffentliche Gesundheitswesen. Hauptaufgaben sind die Bekämpfung von Erkrankungen mit Schwerpunkt Infektionskrankheiten sowie die Förderung der Gesundheit der Menschen weltweit. Die WHO wurde 1948 gegründet und zählt heute 194 Mitgliedstaaten.

Zugleich steigen die Ausgaben der Krankenkassen für Geburten seit Jahren. Innerhalb der letzten 16 Jahre haben sie sich nach Berechnungen von Statista fast verdoppelt: von 0,88 Mrd. Euro im Jahr 2005 auf 1,62 Mrd. Euro 2021[9].

Frau Geppert-Orthofer, müssen sichere Geburten kostenintensiv sein?

„Nein, das müssen sie nicht. Statt auf immer mehr Interventionen zu setzen, sollten wir uns auf das Wesentliche konzentrieren. Natürlich hat das auch mit unserer Rechtsprechung zu tun. Es ist uns in der Tat kein Fall bekannt, in dem jemand verklagt wurde, weil unbegründet oder nicht ausreichend begründet etwas getan wurde. Tatsächlich wurde noch nie ein Arzt, eine Klinik oder eine Hebamme verklagt, weil zu früh oder unnötigerweise ein Kaiserschnitt initiiert wurde. Ist das Kind nach dem Kaiserschnitt gesund, wird gefolgert, man habe gerade noch rechtzeitig gehandelt. Im umgekehrten Fall gibt es aber eben Klagen. Als Berufsstand werden wir für das Risiko, geboren zu werden, in Haftung genommen. Da kann man es niemandem übelnehmen, der sagt: „Lieber etwas zu früh als zu spät eingreifen!" Die Situation hat sich noch verschärft, seitdem die Sozialversicherungsträger die Pflicht haben, die Verursacher von Schäden in Regress zu nehmen. Auch die Gynäkolog:innen sind davon betroffen, ebenso wie die Kliniken selbst.“

Nicht nur der Verlauf, sondern auch der Zeitpunkt der Geburt wird den Bedürfnissen einer auf Planungssicherheit bedachten Klinik unterworfen. Denn an welchem Tag genau ein Baby zur Welt kommt, kann trotz verbesserter Messungen vorab niemand feststellen. Tatsächlich schwankt der Geburtszeitpunkt um mehrere Wochen und ist von vielen Faktoren abhängig. Die eingeschränkte Planbarkeit der physiologischen Geburt setzt voraus, dass genügend Personal und Räumlichkeiten vorgesehen sind. Doch genau das widerspricht einer effizienten Betriebsführung. Obwohl der errechnete Geburtstermin nur ein Richtwert sein kann, wird bereits nach einer Woche über diesem Zeitpunkt von erhöhtem Risiko gesprochen. Ähnlich ungünstig ist die Lage in den Krankenhäusern für Frauen, deren Wehen früher einsetzen als berechnet. Viele Frühgeborenenstationen weisen einen chronischen Mangel an Kapazitäten auf.[10] Der geplante Kaiserschnitt ist daher aus Kosten- und Personalgründen ein bevorzugtes Modell für die Kliniken. Etwa jedes zehnte Kind kommt auf diese Weise am Wunschtermin zur Welt.[11]

Die Defizite in der Geburtshilfe führen inzwischen dazu, dass Personal- und Ausstattungsengpässe in den Kliniken so stark sind, dass Mütter unter Wehen abgewiesen werden müssen. Hiervon sind vor allem Geburtskliniken in Großstädten betroffen, die im Vergleich zu kleineren Kliniken in ländlichen Regionen einen größeren Hebammenmangel haben. Laut IGES-Institut, einem privatwirtschaftlichen Forschungs- und Beratungsinstitut für Infrastruktur und Gesundheit, gaben mehr als ein Drittel der befragten Geburtskliniken an, dass sie im Jahr 2018 mindestens einmal eine Schwangere mit Wehentätigkeit wegen Kapazitätsengpässen nicht aufnehmen konnten. Hochgerechnet für ganz Deutschland waren davon 1,1 Prozent aller Geburten und immerhin knapp 9000 Mütter betroffen.[12] In der Regel ist mit einer Abweisung die Fahrt in eine weiter entfernte Klinik verbunden. Das bedeutet nicht nur zusätzlichen Stress, sondern auch eine ernsthafte Gefahr für Leib und Leben von Mutter und Kind. Während wir im Zusammenhang mit Corona die überlasteten Krankenhäuser und Kapazitätsengpässe zum Anlass für politische Maßnahmen nahmen, ist diese Situation in der Geburtshilfe bereits seit Jahren bittere Realität, ohne dass die Politik daran besonderes Interesse zeigt.

Frau Geppert-Orthofer, was müsste sich konkret verändern, um die Geburtshilfe zu verbessern?

„Meiner Meinung nach haben wir oft die falschen Qualitätsindikatoren. Wir beziehen uns ausschließlich auf das körperliche Ergebnis, vereinfacht gesagt: „Sind Mutter und Kind gesund und nicht tot?" Aber gerade weil wir so ein hohes Niveau haben, was unsere Hygiene und den Allgemeinzustand in den Kliniken betrifft, ist bei uns durchaus erwartbar, dass Mutter und Kind die Geburt gut überstehen. Auf Faktoren wie psychische Gesundheit legen wir aller-

dings zu wenig Wert. Dabei spielt das „Empowerment" der Frauen unter der Geburt auch für den Geburtsverlauf eine bedeutende Rolle. Das muss bei uns viel mehr berücksichtigt werden. [...] Es gibt auch objektiv schwierige Geburtsverläufe, bei denen die Frau hinterher sagt: Ich habe mich wirklich gut aufgehoben gefühlt. Natürlich kann in einer solchen Stresssituation Kommunikation nicht immer super gelingen. Im Anschluss kann man aber vieles heilen, wenn man zum Beispiel sagt: „Es tut mir ehrlich leid, ich hatte die Zeit nicht, Ihnen alles detailliert zu erklären." Wichtig ist, dass man den Frauen eine Erklärung gibt, warum etwas vielleicht nicht optimal lief. Aber auch das braucht natürlich Zeit. [...] Betrachtet man das 2017 veröffentlichte Nationale Gesundheitsziel „Gesundheit rund um die Geburt" der Bundesregierung, sieht man, wie es eigentlich laufen könnte. Das Wissen ist bekannt und dennoch gibt es bis heute keine verbindlichen Standards der Geburtshilfe in den Kliniken.

Als Berufsverband unterscheiden wir zwischen frauzentrierter und frauenzentrierter Geburtshilfe. Die frauenzentrierte Geburt betrifft die Rahmenbedingungen, aber in der konkreten Situation geht es um die Frau und ihre Bedürfnisse und die müssen im Mittelpunkt stehen. [...] Daher fordern wir als Deutscher Hebammenverband: Jede Frau bekommt nach der Geburt standardmäßig ein Gespräch angeboten, bei dem die Geburt besprochen wird. Wenn klar ist, da kommt in jedem Fall – also auch bei einer Geburt, die gut verlaufen ist, – die Hebamme, die mich über Stunden betreut hat und wir besprechen diese Erfahrung, hat das auch keinen „Shame and blame"-Charakter. Das würde die

Frauen wirklich unterstützen. Daher ist Zeit auch nach der Geburt einfach ein Faktor, den wir nicht ausreichend berücksichtigen. Und das obwohl wir wissen, dass Krankenhäuser, die einen hohen Anspruch an die Geburtshilfe haben im Sinn einer individuellen und hebammengeleiteten Geburtshilfe, dadurch eine höhere Arbeitszufriedenheit erzielen und ihre Stellen auch besetzt bekommen.

Wir brauchen also mit Sicherheit mehr Personal, damit eine frau-zentrierte Geburt möglich wird. [...] In erster Linie hat der Deutsche Hebammenverband die Forderung, deutlich mehr Hebammen in den Kreißsälen einzusetzen, das heißt, wir brauchen einerseits mehr Ausbildungs- und Studienplätze und andererseits eine Initiative, um ausgeschiedene Hebammen in die Kreißsäle zurückzuholen. Darüber hinaus brauchen wir eine Wertschätzung der physiologischen Geburtshilfe bis hin zu einer 1:1-Betreuung. [...] Schließlich fordern wir natürlich auch eine bessere Bezahlung und den Abbau der starren Krankenhaushierarchie, dass also anerkannt wird, dass Ärzt:innen und Hebammen gleichberechtigt zusammenarbeiten müssen. “

Welche Vorbilder hat die Geburtshilfe in Deutschland und was wird bereits getan?

„*Ich selbst habe mir vor zwei Jahren die Geburtshilfe in England angesehen. Dort besteht tatsächlich eine 1:1-Betreuung. [...] In England, aber auch in Frankreich und in Skandinavien ist während der gesamten Geburt eine Hebamme dabei. Das ist tatsächlich gar nicht schwer zu orga-*

nisieren: Man hat einfach für jede Frau einen Kreißsaal und in jedem Kreißsaal ist eine Hebamme. Sie verlässt den Raum nur, wenn die Frau alleine sein will. Auch die Dokumentation findet im Gebärraum statt. Die 1:1-Betreuung umzusetzen ist also möglich. [...]

Während unseres Besuchs in England haben wir uns den hebammen- und ärztlich geleiteten Kreißsaal angesehen, waren auf der Wöchnerinnen-Station und auf einer Triage-Station und haben immer wieder gefragt, was Hebammen und ärztliche Fachkräfte in verschiedenen Situationen tun würden. Egal, ob wir mit einer Ärztin oder einer Hebamme gesprochen haben, alle Antworten endeten mit dem Zusatz: „Wenn die Frau das möchte." Das fand ich beeindruckend.

Die Nice-Guideline (NICE) des britischen **National Institute for Health and Care Excellence** formuliert medizinische Richtlinien, zum Beispiel zur Verwendung von Medikamenten oder der angemessenen medizinischen Behandlung und Pflege von Patient:innen. Die Bewertung berücksichtigt sowohl die Wirksamkeit als auch die Wirtschaftlichkeit bestimmter Maßnahmen. Das National Institute for Health and Care Excellence ist das britische Vorbild für das Deutsche Institut für Qualität und Wirtschaftlichkeit im Gesundheitswesen.
Infos: www.nice.org.uk

Ich bin der Meinung, wir müssen auch bei uns den Frauen viel mehr vertrauen. [...] In guten Teams ist das auch hier in Deutschland bereits der Fall und andere Länder machen ebenfalls vor, wie man flache Hierarchien umsetzt. Hier lohnt sich zum Beispiel der Blick auf die NICE-Guideline (National Institute of Clinical Excellence) aus England, in der eine evidenzbasierte und an den Bedürfnissen der Frauen orientierte Geburt befürwortet wird.“

Im Gespräch mit Frau Geppert-Orthofer wird deutlich, wie bedeutend die Geburtserfahrung für Mutter und Kind ist und welche Rolle sie für unsere Gesellschaft im Ganzen spielt. Nicht nur aufgrund von Folgekosten, die durch Geburtstraumata und körperliche Schäden entstehen, sondern auch als wichtige Komponente in Bezug auf die soziale Entwicklung des Kindes. Untersuchungen vor, während und nach der Geburt blenden diese psychosoziale Komponente jedoch meist aus. Während in den Vorsorgeuntersuchungen penibel nach Gewicht, Größe und allgemeinem Gesundheitszustand des Kindes geschaut wird, fragt kein Heftchen – über gravierende körperliche Beschwerden hinaus – nach der Gesundheit der Mutter. Auch nach der Geburt haben Mütter zwar Anspruch auf eine Wochenbettbetreuung durch eine Hebamme. Eine Garantie haben sie allerdings nicht und nach spätestens acht Wochen bzw. 16 Hausbesuchen ist in der Regel Schluss.

Dass wir uns als Gesellschaft über die Frage, wer denn letztendlich für das Kind verantwortlich ist, kaum den Kopf zerbrechen, trägt seinen Teil zur oft desolaten Situation von Müttern bei. Wir sehen es als absolut selbstverständlich an, dass Mütter ihrer Rolle als Versorgende gerecht werden – im Zweifel auch ohne Unterstützung. Welche Folgen hat das für uns Mütter? Und wie kann es anders gehen? Darüber unterhalten wir uns im folgenden Gespräch mit Yvonne Bovermann, Geschäftsführerin des Müttergenesungswerks.

Du bist Mutter und willst aktiv werden?

- Du hast einen Anspruch darauf, die Vorsorgeuntersuchungen abwechselnd bei deiner Gynäkologin und einer Hebamme zu machen. Dadurch stärkst du die Position der nicht-ärztlichen Geburtshelfer:innen.
- Informiere dich vor der Geburt über die Möglichkeit des hebammengeleiteten Kreißsaals in der Klinik deiner Wahl oder über Alternativen zur Klinikgeburt.
- Sei dir bewusst, dass Entscheidungen über medizinische Interventionen bei dir liegen – nimm dein Recht der Wahl als Mutter wahr.
- Frage aktiv in der Geburtsklinik deiner Wahl nach der S3-Richtlinie „Vaginale Geburt am Termin“ und/oder den NICE-Richtlinien und erkundige dich, ob und wie diese umgesetzt werden.

Du möchtest (andere) Mütter unterstützen?

- Kläre werdende Mütter über ihre Rechte und Möglichkeiten auf und unterstütze sie dabei, die Geburt nach ihren Vorstellungen zu gestalten.
- Informationen zu den Forderungen des Deutschen Hebammenverbandes findest du hier: www.dhv-zukunftsforum.de. Mehr zu Gewalt unter der Geburt und den Rechten von Müttern erfährst du auf der Seite der Initiative Roses Revolution (www.rosesrevolutiondeutschland.de)
- Unterstütze Vereine wie Mother Hood e.V., die sich für die Umsetzung einer nationalen Strategie „Sichere Geburt" stark machen (www.mother-hood.de)

Unsere Forderungen an die Politik:

- Schwangerschaft und Geburt müssen als physiologischer Prozess betrachtet und in der Vor- und Nachsorge von Hebammen und Gynäkolog:innen kooperativ begleitet werden.
- Die Position freiberuflicher Hebammen muss gestärkt werden, unter anderem durch eine bessere Entlohnung und neue Regelungen zur Haftpflichtversicherung.
- Eine bedarfsgerechte gesundheitliche Versorgung vor, während und nach der Geburt muss für alle Frauen, unabhängig von ihrem Geburtsort, gewährleistet sein. Kliniken und Geburtshäuser sind gefordert, hierfür entsprechend Personal bereitzustellen und die Ge-

burtsabteilungen mit den nötigen finanziellen Mitteln auszustatten.

Die Auflistung basiert auf Forderungen u.a. des Deutschen Hebammenverbands e.V. und des Vereins Motherhood e.V. Die Kontaktdaten zu den Initiativen findet ihr im Anhang.

„Die Weitsicht, dass die Gesundheit von Eltern für die Gesellschaft im Ganzen bedeutsam ist, scheint nicht zu bestehen."

Yvonne Bovermann

1.2 Interview mit Yvonne Bovermann, Geschäftsführerin des Müttergenesungswerks

Als Mütter kennen wir das mulmige Gefühl, wenn wir spüren, dass wir gesundheitlich angeschlagen sind. Jetzt bloß nicht richtig krank werden, ist oft der erste Gedanke. Als Arbeitnehmerin kann ich mich in Deutschland dank der sozialstaatlichen Errungenschaft der Krankenversicherung krankschreiben lassen. Als Mutter gilt dagegen eine andere Regel: Bleib so lange auf den Beinen, wie du kannst. Gesetzliche Regelungen oder gar ein Recht auf Erholung, wenn Mütter nicht wie gewohnt ihre Aufgaben innerhalb der Familie erfüllen können, gibt es nicht. Gleichzeitig führen überhöhte Ansprüche und Erwartungen uns Mütter immer wieder an unsere Grenzen.

Uns interessiert:

1. **Wie steht es tatsächlich um die Gesundheit von Müttern?**

2. **Was genau belastet Mütter und wie geht es ihnen im Vergleich zu Menschen ohne Fürsorgeverantwortung? Gibt es einen „Gender Health Gap" in Bezug auf die Einschätzung der eigenen Gesundheit?**
3. **Was muss sich ändern, um Mütter bei gesundheitlichen Problemen besser zu unterstützen?**

Es sollte im Interesse der Gesellschaft und der Politik liegen, dass Sorgearbeit nicht krank macht, sagt die Geschäftsführerin des Müttergenesungswerks, Yvonne Bovermann, im Gespräch. Aus diesem Grund fordert sie ein Nationales Gesundheitsziel für Care-Arbeit-Leistende, um diejenigen zu schützen und zu unterstützen, die sich um Bedürftige kümmern – also Kinder, Alte und Kranke. Ihr Fazit: Die Gesundheit von Müttern, Vätern und pflegenden Angehörigen muss viel stärker in den Fokus politischer Entscheidungen gerückt werden.

Frau Bovermann, wie ist aktuell die Lage in den Einrichtungen des Müttergenesungswerks?

„Der Bedarf an Vorsorge- und Rehabilitationsmaßnahmen ist heute, im Jahr 2022, enorm hoch. Das klingt erst einmal, als sei es eine gute Nachricht für unsere Kliniken. Allerdings stehen der hohen Nachfrage eklatant schlechte Bedingungen gegenüber, unter denen die Kliniken arbeiten müssen. Die aktuellen Tagessätze der Krankenkassen reichen kaum aus, um die laufenden Kosten zu decken. Rücklagen oder

Investitionen, um zum Beispiel die Baulichkeiten zu vergrößern oder energetisch zu sanieren, sind nicht möglich. Gerade ist die erste Klinik sogar von Schließung bedroht. Als Müttergenesungswerk fürchten wir, dass weitere Kliniken folgen werden. Letztlich zeigt das, wie niedrig der Stellenwert familiärer Sorgearbeit im Gesundheitswesen ist. Und natürlich erzeugt das enorme Folgekosten, denn Menschen, die nicht zeitnah eine Vorsorge- oder Rehabilitationsmaßname antreten können, erkranken zu einem gewissen Prozentsatz eben schwer. Aus Studien wissen wir zudem, dass es auch für Kinder enorm belastend ist, wenn ihre Eltern psychisch krank sind. Also kann nicht das Ziel sein, dass Patient:innen die Maßnahmen nach Bewilligung später antreten können, wie aktuell von den Krankenkassen ermöglicht, sondern es müssen mehr Plätze geschaffen werden. Im Moment besteht eine hohe Anfrage bei viel zu wenig Plätzen. Bei wahrscheinlich weit über 2 Millionen kurbedürftigen Müttern bekommen in unseren Kliniken bis zu 50.000 Mütter pro Jahr einen Platz. Darüber hinaus gibt es noch 80.000 Plätze bei freien Klinikträgern. Das ist ein Tropfen auf dem heißen Stein. Hilfesuchende müssen durchschnittlich mit einer Wartezeit von bis zu einem Jahr rechnen.“

Ganz typisch für uns Mütter ist ein Zustand der Dauererschöpfung. Nicht nur als Alleinerziehende, sondern auch innerhalb von Beziehungen. Geschlechterforscherin und Soziologin Franziska Schutzbach hat dieser Beobachtung 2021 nicht umsonst ein ganzes Buch gewidmet.[13] Frauen – und noch einmal mehr Mütter – sind täglich unzähligen und oft sich widersprechenden Erwartungen ausgesetzt. Es reicht eben nicht, Möglichkeiten zu schaffen. Sie müssen auch zu vereinbaren – ja, überhaupt zu bewältigen – sein. Doch die Doppel- und Dreifachbelastung von Müttern wird seit Jahren konsequent von der Politik ignoriert. Während der Pandemie war diese Ignoranz besonders spürbar. Das bezahlen wir letztlich mit unserer Gesundheit. Laut einer Auswertung des Robert-Koch-Instituts (RKI) leiden Frauen deutlich häufiger unter einer überdurchschnittlichen Stressbelastung als Männer (rund 14 Prozent versus 8 Prozent).[14] Die Daten belegen darüber hinaus, dass mit Stress konkrete psychische Beeinträchtigungen verbunden sind, die sich wiederum auf die gesamte Familie auswirken können: „Die Ergebnisse belegen eindrücklich einen hohen Zusammenhang zwischen Belastungen durch chronischen Stress und psychischen Beeinträchtigungen durch depressive Symptome, Burnout-Syndrom und Schlafstörungen."[15]

Die Studienlage zeigt also, dass Frauen im Schnitt ein höheres Risiko haben, an den Folgen einer hohen Stressbelastung zu erkranken. Oft bemerken Mütter jedoch erst kurz vor dem Burnout, dass sie Hilfe benötigen. Dann haben wir als Mütter gesetzlichen Anspruch auf eine Auszeit, zum Beispiel in einer Einrichtung des Müttergenesungswerks.

Frau Bovermann, mit welchen Diagnosen kommen Mütter zu Ihnen und was belastet sie am meisten?

„Die häufigsten Diagnosen sind psychische Störungen, wie zum Beispiel Angst- und Schlafstörungen oder depressive Episoden. Dazu kommen Rücken-, Skelett- und Gelenkerkrankungen, außerdem Haut- und Herz-Kreislauf-Erkrankungen. Interessant ist, dass die Belastungen bei Müttern und Vätern zum Teil unterschiedlich ausfallen. [...] Für alle Eltern ist Zeitmangel ein Problem sowie die Schwierigkeit, Beruf und Kinderbetreuung unter einen Hut zu bringen. Bei Frauen kommt dazu oft noch fehlende Anerkennung. Außerdem Trauerfälle, Schicksalsschläge, Trennungssituationen oder Suchtproblematiken in der Familie. Im Schnitt hat jede Frau, die zu uns kommt, zwei bis drei Diagnosen und oft mehrere Belastungsfaktoren."

2021 veröffentlichte das Familienministerium eine Studie, die den Bedarf an Maßnahmen des Müttergenesungswerks unter Müttern, Vätern und pflegenden Angehörigen untersuchte.[16] Dabei zeigte sich, dass fast drei Millionen Frauen und nur etwa halb so viele Männer (1,7 Millionen) Bedarf an Vorsorge- oder Rehabilitationsmaßnahmen hatten. Sowohl die gesundheitlichen als auch die familienbezogenen Probleme traten bei den befragten Frauen deutlich häufiger auf. Als besonders belastend nannten die befragten Frauen ständigen Zeitdruck, schwierige Vereinbarkeit von Familie und Beruf, Bewegungsmangel und mangelnde Unterstützung durch die Familie und das soziale Umfeld. Die Autor:innen der Studie sehen die Gründe für die Geschlechtsunterschiede in der insgesamt höheren Belastung von Frauen. Männer seien entsprechend traditioneller Rollenmuster schlicht seltener mit den Herausforderungen des Elternseins konfrontiert.

Worin unterscheidet sich die Belastung von Müttern und Vätern?

„Ein Unterschied zwischen Müttern und Vätern ist zum Beispiel, dass die meisten Männer, die zu uns kommen, 40 Wochenstunden oder mehr arbeiten, während Frauen überwiegend in Teilzeit beschäftigt sind und damit täglich den Spagat zwischen Familie und Beruf leisten. Umgekehrt leiden viele Väter darunter, neben ihrer Erwerbstätigkeit kaum Zeit für ihre Kinder oder ihre Partnerin zu haben. [...] Gerade in Westdeutschland ist sicher auch die Annahme relevant, dass die Mutter letztlich für das Kind zuständig sei. Wenn ein Mann seinem männlichen Chef sagt, hör mal, ich betreue meine Kinder und mir geht es gerade nicht besonders gut mit dieser Doppelrolle, daher werde ich jetzt eine Vater-Kind-Kur machen, verbessert das sein Standing in vielen Betrieben sicher nicht. Ein Klinikleiter sagte kürzlich zu mir, es sei klar, dass die Familien bei der momentanen wirtschaftlichen Situation erschöpfter seien, jetzt müsse ja auch die Frau arbeiten gehen. Diesen Ansatz, dass ich als Frau nur arbeiten gehe, weil es gerade sein muss, aber eigentlich nach Hause gehöre, finde ich extrem schädlich.“

Nicht die Berufstätigkeit belastet Mütter. Im Gegenteil. Oft schafft sie erst den nötigen Ausgleich zu den vielfältigen Aufgaben, die uns zu Hause begegnen. Was wirklich kräftezehrend ist, ist die Doppelbelastung aus Erwerbs- und Sorgearbeit. Frauen verrichten täglich Mengen an unsichtbarer Arbeit. Wie Manager organisieren wir als Mütter den Alltag der Familie und halten auf diese Weise alles am Laufen. Inzwischen hat sich hierfür sogar ein Begriff etabliert: Mental Load. Doch anders als in Unternehmen erhalten wir dafür keinerlei

Mental Load: Seit den frühen 1970er-Jahren wird Mental Load als Begriff für geistige Belastungserscheinungen verwendet und dessen Auswirkungen auf die Lebensqualität werden diskutiert. Die jetzige Verwendung des Begriffs entspringt vorrangig dem gleichnamigen feministischen Comic („The Mental Load“) der französischen Zeichnerin Emma. In ihrem Cartoon thematisiert die Autorin die ungleiche Aufgaben- und Rollenverteilung in (heterosexuellen) Beziehungen. Mental Load belastet überwiegend Frauen, da diese neben ihrer Erwerbstätigkeit die täglich anfallenden familiären Aufgaben oft weitgehend allein organisieren und erledigen. Der Energie- und Zeitaufwand, der hierfür nötig ist, wird von Männern wie Frauen unterschätzt.

Anerkennung. Stattdessen müssen wir darum kämpfen, dass unsere Arbeit überhaupt gesehen wird.

Können Mütter dagegen mit sozialer Unterstützung rechnen, wird das Risiko einer Erkrankung durch Stress nachweislich gemildert. Das bestätigen auch die Autor:innen des Gesundheitsberichts des Robert-Koch-Instituts: „Soziale Unterstützung fungiert [...] als Ressource, die bei chronischem Stress der Bewältigung dient und als Puffer wirkt."[17] Doch je kleiner die Familie ist, desto geringer wird logischerweise die soziale Unterstützung durch Familienmitglieder. Besonders prekär ist somit die Lage von Ein-Eltern-Familien. Alleinerziehende erkranken deutlich häufiger an Depressionen oder leiden unter körperlichen Symptomen wie Rückenschmerzen. Außerdem sind sie – vermutlich aus Zeitmangel – tendenziell sportlich weniger aktiv, rauchen eher und nehmen Termine zur Gesundheitsvorsorge seltener wahr: Faktoren, die in Kombination ebenfalls gesundheitsschädigend sind. Ein Viertel aller alleinerziehenden Mütter schätzt laut Robert-Koch-Institut ihren allgemeinen Gesundheitszustand als mittelmäßig bis schlecht ein.[18]

Frau Bovermann, was müsste politisch geschehen, um die gesundheitliche Situation von Müttern zu verbessern?

„Vor der letzten Bundestagswahl haben wir von der Politik gefordert, dass die zukünftige Regierung ein „Nationales Gesundheitsziel Gesundheit der Care-Arbeit Leistenden" erarbeiten lässt und sich natürlich dafür einsetzt, dass die Erkenntnisse umgesetzt werden. Es sollte das Interesse einer Gesellschaft und der Politik sein, dass Care-Arbeit nicht krank macht. Über ein Nationales Gesundheitsziel wird durch Wissenschaft und Expert:innen interprofessionell erarbeitet, was Eltern und Pflegende krank macht und was sie gesund erhält. Man müsste sich zum Beispiel damit be-

Nationales Gesundheitsziel: Seit dem Jahr 2000 sind zehn Nationale Gesundheitsziele veröffentlicht und teilweise bereits aktualisiert worden. Die Ausarbeitung und inhaltliche Entwicklung der Ziele erfolgen in Arbeitsgruppen. Sie sollen in einem festgelegten Zeitraum erreicht werden. 2003 erschien ein Nationales Gesundheitsziel zum Thema Brustkrebs, 2017 zur Gesundheit rund um die Geburt. Ein Nationales Gesundheitsziel „Gesundheit der Care-Arbeit Leistenden", wie es Verbände fordern, wurde bisher nicht verwirklicht.

fassen, was der AXA-Konzern in seinem Mental-Health-Report 2022 herausgefunden hat, nämlich dass die psychische Gesundheit von Müttern in Deutschland während Corona im europäischen Vergleich am meisten gelitten hat. Dann würde man sicherlich auf Faktoren kommen wie die unstete Kinderbetreuung, fehlende Ganztagesbetreuung oder auch eine geringschätzende Haltung im beruflichen Kontext gegenüber Kinderversorgung. In einer Gesellschaft, die es sich zum Ziel gesetzt hätte, diejenigen zu schützen und zu unterstützen, die sich um die Bedürftigen kümmern – um Kinder, Pflegebedürftige oder alte Menschen –, bräuchten wir keine zusätzlichen Plätze in den Vorsorge- und Rehakliniken.

Die aktuelle Regierung will laut Koalitionsvertrag die Prävention im Gesundheitswesen stärken. Damit müsste es selbstverständlich sein, dass in Vorsorgemaßnahmen auch investiert wird. Ich hoffe, dass hier in naher Zukunft tatsächlich die richtigen Weichen gestellt werden. Das Gesundheitswesen hat die Kliniken immer in einer sehr schwachen Position gehalten, dadurch dass die Verhandlungen der Tagessätze dezentral und auf Landesebene geschehen. Momentan verhandeln die Kliniken direkt mit den Krankenkassen über die Tagessätze. Sind sie mit dem, was ihnen angeboten wird, nicht zufrieden, können sie sich an eine Schiedsstelle wenden. Da viele Kliniken jedoch über kaum Rücklagen verfügen, befürchten sie, in einem Rechtsstreit unterzugehen oder die Zeit bis zu einer Entscheidung finanziell nicht überbrücken zu können. Das führt dazu, dass Kliniken häufig Verträge unterschreiben, die stark zu ihren Ungunsten ausfallen. Wo eine übermäßig starke Seite, wie die der Krankenversicherungen, auf eine weit schwächere Seite, wie aktuell die der Kliniken, trifft, ist das Prinzip der dezentralen Selbstverwaltung und der individuellen Verhandlung auf Landesebene wenig sinnvoll. Leider sieht die aktuelle Regierung das zum Teil anders und fordert auch in diesem Bereich des Gesundheitswesens, dass der Markt sich selbst regulieren solle."

Mütter können sich – plakativ gesagt – heute zwischen Altersarmut und Burnout entscheiden. Das ist keine Wahlfreiheit, sondern Betrug. Deswegen brauchen wir gesellschaftliche Strukturen, die Mütter und andere Familienmitglieder nicht dafür bestrafen, dass sie sich um das eigene Wohlergehen und das der Familie kümmern. Es kann nicht sein, dass wir einerseits alle Lasten auf Mütter abwälzen und ihre Leistungen gleichzeitig nicht angemessen berücksichtigen. Wir brauchen zudem einen Konsens darüber, dass das psychische Wohl der Fürsorgetragenden eine wichtige gesellschaftliche Voraussetzung ist. In der Erschöpfung der Mütter zeigt sich nicht zuletzt die Erschöpfung der gesamten Gesellschaft. Journalistin und Autorin Teresa Bücker bemerkte Ende 2022 in ihrer lesenswerten Kolumne im Magazin der Süddeutschen Zeitung, der Kapitalismus säge am Ast, auf dem er sein Nest gebaut habe. Sie plädiert für ein Recht auf Erholung, nicht nur für Mütter, sondern für alle Menschen und auch für die Natur: „Ein Pakt, in dem ein neues Gesellschaftsverständnis echte Erholung, psychische Gesundheit und genug Zeit füreinander nicht als Luxus versteht, sondern als Voraussetzung, um mit einer Krise abschließen und mit genug Kraft etwas Neues beginnen zu können."[19]

Du bist Mutter und willst aktiv werden?

- Scheue dich nicht, eine Beratungsstelle bei einem der Träger des Müttergenesungswerks aufzusuchen. Die Caritas bietet auch Online-Beratung: www.caritas.de. Kostenlose und anonyme Beratung per Telefon oder Chat findest du außerdem über die Telefonseelsorge (www.telefonseelsorge.de) oder das Elterntelefon der Nummer gegen Kummer (0800 111 0 550).
- Einen Überblick über Therapieplätze erhältst du über die Nummer der Kassenärztlichen Vereinigung (116 117) oder auf der Seite www.doctolib.de.
- Eine Möglichkeit der Selbsthilfe bis zur Bewilligung einer Psychotherapie bieten Therapie-Apps wie Hellobetter oder Selfapy (Digitales Gesundheitsangebot DiGA).

Du möchtest (andere) Mütter unterstützen?

- Gib Informationen zu Präventions- und Unterstützungsangeboten an Freund:innen und Bekannte weiter. Informationen zum Angebot des Müttergenesungswerks findest du hier: www.muettergenesungswerk.de. Auf der Seite www.familienportal.de findest du weitere Informationen zu Erholungsangeboten für

Mütter und Väter (Stichwort: Gesundheit und Erholung).
- Unterstütze die Arbeit des Müttergenesungswerks oder ähnlicher Organisationen durch eine Spende.

Unsere Forderungen an die Politik:

- Über das erste Lebensjahr hinaus müssen für Mütter niedrigschwellige Unterstützungsangebote verfügbar sein; Anträge für Wohngeld, Kinderzuschlag oder auch Mütterkuren müssen zentral und ohne großen bürokratischen Aufwand auf digitalem Weg gestellt werden können.
- Die Finanzierung von Kliniken für Vorsorge- und Rehamaßnahmen muss dauerhaft sichergestellt werden.
- Medizinische Forschung muss die Notwendigkeit, Männer und Frauen aufgrund körperlicher Unterschiede unterschiedlich zu behandeln, stärker berücksichtigen und in ihren Leitlinien entsprechende Handlungsempfehlungen formulieren.
- Die Gesundheit von Menschen, die für andere sorgen – Mütter, Väter und pflegende Angehörige – muss als Nationales Gesundheitsziel in den Fokus politischen Handelns rücken.

Die Auflistung basiert unter anderem auf Forderungen des Verbandes der Mütterzentren und des Müttergenesungswerks. Die Kontaktdaten der Initiativen findet ihr im Anhang.

2

Wohnen und Zusammenleben

Wie wir unseren Gemeinsinn zurückgewinnen

„Mütterlichkeit ist nicht auf Mütter reduziert. Jeder kann Verantwortung für Kinder übernehmen."

Ute Latzel

2.1 Interview mit Ute Latzel, Geschäftsführerin des Mütter- und Familienzentrum Bad Nauheim und Mitglied im Steuerungskreis des Bundesverbands der Mütterzentren

Nur wenige Bevölkerungsgruppen sind so stark in ihrer Bewegungs- und Handlungsfreiheit eingeschränkt wie junge Mütter. Das Stillen in der Öffentlichkeit wird vielerorts noch immer nicht als normal angesehen. Babys und Kleinkinder werden außerhalb von Krippe und Kita oft eher als Störfaktor denn als selbstverständlicher Teil unserer Gesellschaft wahrgenommen. Zwar gibt es in fast allen Städten Spielplätze und teilweise auch Eltern-Kind-Cafés oder andere Begegnungsstätten für Mütter. Aber die Wege dorthin sind oft weit und die Information über die entsprechenden Angebote schwer zugänglich. So bleibt uns Müttern in den ersten Monaten unserer Mutterschaft nichts anderes übrig, als mit Kind zuhause zu bleiben. Sind der Vater und andere Familienmitglieder außerhalb des Hauses eingespannt, geraten wir nur allzu leicht in extreme Isolation. Dabei wird selbstverständlich vorausgesetzt, dass wir den 24/7-Job mit Baby alleine bewältigen und davon weder über- noch unterfordert sind.

Gleichzeitig sind es vor allem Frauen, die im hohen Alter von Einsamkeit betroffen sind. Noch wurde wenig erforscht, welche Folgen der Zerfall ursprünglich großer familiärer Gemeinschaften in ihre kleinsten Einheiten hat. Wahrscheinlich ist aber, dass der Gemeinschaftssinn in einer individualisierten und auf losen Beziehungen beruhenden Gesellschaft abnimmt. Dabei sind wir Mütter ganz klar auf die Unterstützung unseres sozialen Umfelds angewiesen. Fehlt sie, hat das nicht nur Auswirkungen auf unsere Gesundheit und die Vereinbarkeit von Familie und Beruf. Neue Studien legen nahe, dass das Maß an Unterstützung, das wir als Mutter erfahren, auch auf die Entwicklung des Kindes Einfluss nimmt.[20] Wie Familien strukturiert sind und wie wir Mütter darin eingebunden sind, ist also für unsere Gesellschaft insgesamt von großer Bedeutung.

Wir möchten wissen:

1. **Welche Wohn- und Lebensbedingungen stärken Mütter im Alltag?**
2. **Was verhindert ihre soziale Isolation, besonders in Lebensphasen, in denen sie den Hauptteil der Fürsorgearbeit übernehmen?**

3. Wie kann die Politik für Mütter unterstützende Wohn- und Lebensbedingungen schaffen?

Heute übernehmen generationsübergreifende Wohnprojekte, die es mittlerweile in fast jeder größeren Stadt in Deutschland gibt, die soziale und psychologische Funktion ehemaliger Großfamilien. Eines dieser Projekte sind die Mütter- und Familienzentren. Wir haben mit Ute Latzel, der Geschäftsführerin des Mütter- und Familienzentrum Bad Nauheim (MüFaz), darüber gesprochen, wie ihr Zentrum organisiert ist und wodurch die Mütterzentren Frauen mit Kindern im Alltag unterstützen.

Frau Latzel, was ist ein Mütter- und Familienzentrum und welche gesellschaftliche Funktion erfüllt es?

„Das Mütter- und Familienzentrum in Bad Nauheim (Müfaz) wurde 1991 gegründet von aktiven Frauen, die sich zusammengetan haben, um sich unter anderem bei der Kinderbetreuung zu unterstützen. […] Schon bald nach Gründung des Müfaz wurde daraus ein bezahltes Angebot, das heißt, die Frauen, die die Kinderbetreuung in Anspruch genommen haben, bezahlten einen Obolus, so dass die betreuenden Frauen zumindest einen kleinen Verdienst erhalten konnten. Bereits 1993 wurde außerdem der Notmutterruf gegründet. Auch ihn gibt es bis heute: Unsere Haupt- und Ehrenamtlichen gehen dabei in Familien, in denen die Person, die für

die Kinder sorgt, die Betreuung aus Notfallgründen nicht übernehmen kann. [...]

Hinter der Bewegung der Mütterzentren stand aber auch immer der politische Ansatz, Mütter mit Familien sichtbarer in der Gesellschaft zu machen und ihnen ein „öffentliches Wohnzimmer" zu geben. [...] Teil unseres Angebots sind Sportkurse, natürlich die klassischen Eltern-Kind-Gruppen und eigentlich von Anfang an der „Offene Treff". Dorthin kann man einfach mit seinen Kindern kommen, auch ohne Mitglied im Mütterzentrum zu sein. Vor Ort ist immer eine Gastgeberin, die die Frauen begrüßt und ins Gespräch miteinander bringt, außerdem gibt es etwas Leckeres zu essen und es besteht insgesamt eine einladende Atmosphäre. Der Offene Treff ist also eine gute Möglichkeit, zu Gleichgesinnten Kontakt aufzunehmen. Außerdem erfahren wir über die „Wohnzimmertreffen", was aktuell von den Frauen gebraucht wird. Und nicht zuletzt passiert es im offenen Bereich oft, dass Mütter nach einer Weile selbst aktiv werden. Frauenförderung und -stärkung ist somit ein wichtiger Schwerpunkt der Mütterzentren."

Das Bild von Familie wandelt sich zunehmend: Einelternfamilien, gleichgeschlechtliche Partnerschaften und Patchwork-Familien sind längst selbstverständlicher Teil der Gesellschaft. Zudem ist die Zahl an Eheschließungen seit 1950 in Deutschland kontinuierlich zurückgegangen und erreichte 2021 einen neuen Tiefstand.[21] Dieser Entwicklung zum Trotz haben sich die deutschen Steuer- und Ehegesetze seit den 50er Jahren kaum verändert. Familienformen, die außerhalb der Ehe liegen, werden vom Staat nach wie vor finanziell benachteiligt und rechtlich diskriminiert. Interessante Ansätze für eine Umgestaltung rechtlicher Regelungen im Sinn eines erweiterten Familienbegriffs zeigt das 2023 von der Heinrich-Böll-Stiftung veröffentlichte Policy Paper „Elternschaft rechtlich neu denken“, das sich allerdings vor allem auf die rechtliche Absicherung bei Co-Elternschaft und in gleichgeschlechtlichen Partnerschaften fokussiert.[22]

Die Vorstellung von Familie als exklusiver Ort der emotionalen Versorgung und Erziehung der Kinder ist zudem historisch gesehen relativ neu. In vorindustrieller Zeit wurde Familie primär als Produktionsgemeinschaft verstanden und zur Haushaltsgemeinschaft gehörten auch nicht verwandte Personen. Alle Mitglieder waren gleichermaßen eingebunden und auch die Kinder halfen früh mit. Die Menschen lebten nicht selten in großen Gemeinschaften. Der Zusammenhalt in der Verwandtschaft und das Leben unter einem Dach sorgten dafür, dass die Arbeit, aber auch das Aufziehen der Kinder gemeinsam von der erweiterten Familie übernommen wurde. Doch spätestens mit der Industrialisierung und der zunehmenden Verstädterung der Gesellschaft wurden die Haushalte immer kleiner. Im Jahr 1871 gab es in Deutschland rund 8,7 Millionen Privathaushalte, in denen im Durchschnitt noch jeweils vier bis fünf Personen wohnten. Heutzutage existieren in Deutschland rund 41 Millionen Haushalte, in denen aber nur noch durchschnittlich je zwei Personen leben.[23] Gleichzeitig schrumpft auch die Kernfamilie auf immer weniger Personen zusammen. Heute besteht eine Familie aus durchschnittlich noch drei bis vier Personen.[24]

Der Anteil derer, die unter einem Dach in mehr als zwei Generationen zusammenleben und wirtschaften, lag letzten Zahlen zufolge bei noch etwa 0,5 Prozent.[25] Gleichzeitig hat die Zahl alleinlebender Menschen in den letzten Jahren drastisch zugenommen. Im Jahr 2020 gab es in Deutschland ungefähr 16,5 Millionen Einpersonenhaushalte. Etwa ein Drittel davon sind Menschen über 65 Jahre, darunter doppelt so viele Frauen wie Männer. Nicht selten sind diese alten bis sehr alten Frauen von Einsamkeit betroffen.[26]

i **Soziologischer Familienbegriff:** Zur Beschreibung der Familie verwendet die Familiensoziologie eine Reihe von Begriffen. Üblich ist zum Beispiel der Begriff der Kernfamilie. Sie wird als Paarfamilie, die aus Eltern (Vater, Mutter) und Kindern besteht, als Basis aller Familienformen angesehen. Diese „konventionelle" Vorstellung von Familie wird der Vielfalt an unterschiedlichen Familienkonstellationen in der heutigen Zeit nicht mehr gerecht.

Die Reduzierung des Haushalts auf die Kernfamilie (Mutter-Vater-Kind) sorgt dafür, dass Kinder überwiegend mit nur zwei engen Bezugspersonen aufwachsen, Mütter dabei die Hauptverantwortung tragen und die ältere Generation den Bezug zur Jugend zu verlieren droht. Dies hat nicht nur Auswirkungen auf die individuelle Belastung der Familienmitglieder, sondern begünstigt im Extremfall auch häusliche Gewalt. Besonders deutlich wurde dies während der Zeit der Pandemie: Die Isolation der Kernfamilie in Kombination mit geschlossenen Bildungs- und Betreuungseinrichtungen führte dazu, dass die Zahl häuslicher Gewalt in manchen Regionen Deutschlands um mehr als 23 Prozent stieg.[27] Im Juni 2020 errechnete die TU München, dass etwa drei Prozent aller in Deutschland lebenden Frauen in der Zeit der Lockdowns Opfer von körperlicher Gewalt wurden. 3,6 Prozent wurden von ihrem Partner vergewaltigt und 6,5 Prozent aller Kinder gewalttätig bestraft.[28] Auch nach der Zeit der Lockdowns bleiben die Zahlen auf einem konstant hohen Niveau. Die Delikte reichen von Körperverletzung bis hin zum Mord. Möglichkeiten, sich vor der Gewalt zu schützen, gibt es bis heute zu wenig. Frauenhäuser meldeten bereits vor der Pandemie einen Mangel an Plätzen.

Nach Angaben von „One Billion Rising“, einer weltweiten Kampagne zur Beendigung von Gewalt gegen Frauen, wurden allein im Jahr 2021 in Deutschland 104 Frauen und 23 Kinder von Männern aus ihrem sozialen Umfeld umgebracht.[30] In Deutschland ist der Begriff

Istanbul Convention: Das Übereinkommen des Europarats zur Verhütung und Bekämpfung von Gewalt gegen Frauen und häuslicher Gewalt, auch bekannt als Istanbul-Konvention, ist ein 2011 ausgearbeiteter völkerrechtlicher Vertrag. Er schafft verbindliche Rechtsnormen gegen Gewalt an Frauen und häusliche Gewalt. Im Oktober 2017 wurde das Übereinkommen in Deutschland ratifiziert und trat am 1. Februar 2018 in Kraft. Mit Inkrafttreten des Übereinkommens verpflichtet sich Deutschland auf allen staatlichen Ebenen, alles dafür zu tun, um Gewalt gegen Frauen zu bekämpfen, Betroffenen Schutz und Unterstützung zu bieten und Gewalt zu verhindern.[29]

„Femizid“, also die Tötung aufgrund der Tatsache, eine Frau zu sein, nicht offiziell anerkannt. Das heißt, es gibt keine offizielle Auflistung der Femizide. Doch die Kriminalstatistiken zur Partnerschaftsgewalt legen nahe, dass die Morde an Frauen systematisch sind. Frauen, vor allem dann, wenn sie Mütter sind, bleiben an ihre gewalttätigen Partner oft aus strukturellen Gründen gebunden – manchmal sogar nach der Trennung. So wird bei Familiengerichtsentscheidungen das Recht beider Elternteile auf Umgang oft vor die Sicherheit von Frauen und Kindern gestellt; darauf weist unter anderem Christina Mundlos in ihrem 2023 erschienenen Buch

„Mütter klagen an“ hin. Gewalt in Familien wird zudem häufig als Privatangelegenheit verstanden und bagatellisiert. Nicht selten wird den Opfern sogar die Schuld für die Gewalttat gegeben. Auch finanzielle Abhängigkeit kann dazu führen, dass Frauen Gewalt in einer Beziehung hinnehmen.[31] Die Kleinfamilie als sicherer und geschützter Ort ist eine Idealisierung, die im Extremfall dazu führt, dass Mütter und ihre Kinder gerade im engsten familiären Umfeld besonders gefährdet sind.

Vor welchen Herausforderungen stehen Mütter im Familienalltag?

Während die Aufgaben innerhalb der Familie auf immer weniger Personen aufgeteilt werden können, ist die Menge an Arbeit nicht weniger geworden. Wie viel Arbeit genau das ist, hat eine Studie aus 2016 auf Grundlage der letzten Zeitverwendungserhebung (ZVE) berechnet.[32] Rechnet man Haus- und Erwerbsarbeit zusammen, kommt eine Familie auf durchschnittlich 58 Stunden pro Woche. Paare ohne Kinder kommen dagegen auf 48,5 Stunden pro Woche. Die zehn Stunden Mehrarbeit entstehen ausschließlich durch ein höheres Pensum an Hausarbeit, wenn Kinder im Haushalt leben. Eltern mit Kleinkindern bis drei Jahren verrichten der Studie zufolge sogar 3,6-mal mehr Hausarbeit als Paare ohne Kinder. Berücksichtigt man zusätzlich die Pendel- und Wegzeiten, die Mütter und Väter für bezahlte und unbezahlte Arbeit täglich zurücklegen müssen, beträgt die wöchentliche Gesamtbelastung für Eltern mit minderjährigen Kindern über mehrere Jahre hinweg durchschnittlich etwa 62-63 Stunden pro Woche. Das entspricht dem Zeitaufwand einer Managerstelle.

Die **Zeitverwendungserhebung (ZVE)** wird circa alle zehn Jahre vom Statistischen Bundesamt in Zusammenarbeit mit den Statistischen Ämtern der Länder durchgeführt. Die ZVE untersucht, wie viel Zeit Menschen für welche Aktivitäten aufwenden und wann im Tagesverlauf sie diesen Tätigkeiten nachgehen. Die letzte Erhebung war im Jahr 2022 und umfasste etwa 10.000 Haushalte. Neu war in dieser Erhebung, dass die Befragten mittels eines digitalen Tagebuchs drei Tage lang ihre vollständigen Tagesabläufe festhielten.[33]

Wie sehr wir Mütter unter Zeitdruck stehen, zeigt auch ein Blick auf die verfügbare Freizeit. Plötzlich haben wir kaum noch Hobbys, können unsere Freunde nicht mehr treffen oder abends entspannt ins Kino gehen. Eine Untersuchung ergab für Eltern mit Kindern zwischen null und neun Jahren eine durchschnittliche Elternfreizeit von drei bis zehn Stunden pro Woche, für Eltern mit Kindern ab zehn Jahren 25 Stunden und für kinderlose Paare rund 40 Stunden pro Woche. Dabei ist es für Eltern mit kleineren Kindern schwierig, zwischen Freizeitaktivitäten und Kinderfürsorge zu unterscheiden. Die Verschmelzung führt ebenfalls zu einer stärkeren Belastung. Nicht umsonst bezeichnen die Autor:innen der Studie diese Spitzenbelastungsphase junger Eltern als „Rushhour im Familienzyklus".[34]

Die Zeitauswertung zeigt auch, dass die Haus- und Erwerbsarbeit unter den Eltern unterschiedlich verteilt ist: Rein zeitlich unterscheidet sich die Belastung von Müttern und Vätern kaum. Bei Müttern beträgt die Spitzenbelastung in der Kleinkindphase des zweiten Kindes 63 Stunden, bei Vätern 62 Stunden pro Woche.[35] Während Väter jedoch im Durchschnitt knapp zwei Drittel ihrer Arbeitsstunden mit Erwerbsarbeit verbringen, stellt für Mütter die Nichterwerbsarbeit mit 70 Prozent den deutlich größeren Anteil dar. Fast jede dritte Mutter würde gerne mehr Zeit mit bezahlter Arbeit verbringen, bei den Vätern ist es nur gut jeder Zwanzigste. Umgekehrt wünschen sich über die Hälfte der Väter weniger bezahlte Arbeit.

Frau Latzel, was stärkt Mütter in ihrem Wohn- und Lebensumfeld?

„Was Mütter auf jeden Fall brauchen, ist eine verlässliche, qualitativ hochwertige Kinderbetreuung. Frauen, die arbeiten, müssen wissen, dass es zuhause gut läuft. Mit „Zuhause" meine ich auch bewusst die institutionelle Betreuung durch den Kindergarten oder eine qualitativ hochwertige Nachmittagsbetreuung in der Schule. Tatsächlich erlebe ich

immer wieder, dass Kolleginnen, wenn wir ihnen anbieten, bei uns im Müfaz von einem Minijob in eine Festanstellung zu wechseln, antworten: „Ich verdiene ja netto gar nicht so viel mehr. Wie mache ich das dann mit der Kinderbetreuung?" Wenn ich keine wirklich hochwertige und verlässliche Kinderbetreuung habe, übernehme ich im Zweifelsfall als Mutter die Betreuung lieber selbst und gehe damit eben keiner bezahlten Arbeit nach.

Was Mütter darüber hinaus brauchen, ist das Gefühl, so wie sie sind, genug zu sein. Sowohl als Mutter als auch als Arbeitnehmerin oder Partnerin. Mütter sollen sagen können: Wie ich es mache, ist es gut. Bleibe ich zuhause, ist das in Ordnung, bin ich voll berufstätig, auch. Als Bundesverband der Mütterzentren haben wir die Forderung eines „Erwerb-Sorge-Modells". Dieses sieht vor, dass um die 33 Stunden gearbeitet wird und dadurch genug Zeit für die Familie bleibt. Zudem haben wir als Verband die Kampagne „Mütterlichkeit hat kein Geschlecht" gestartet. Mit ihr wollen wir zur Aufwertung und Umverteilung von Sorgearbeit beitragen. Denn auch ein Vater oder Großvater hat die Fähigkeit, fürsorglich zu sein und für andere zu sorgen. Da muss einfach ein Paradigmenwechsel stattfinden. "

Für Mütter gehört die Hilfe der Großeltern bei der Kinderbetreuung tatsächlich zu einer der wichtigsten Formen innerfamiliärer Unterstützung. Eine 2022 veröffentlichte Studie des Bundesinstituts für Bevölkerungsforschung (BiB) zeigt, dass trotz des massiven Ausbaus der Kindertagesbetreuung in Deutschland der Anteil der Kinder, deren Großeltern an der Betreuung beteiligt sind, weiter über 50 Prozent liegt. Bei den Fünfjährigen sind es sogar nahezu 60 Prozent.[36] „Bereits diese wenigen Durchschnittswerte machen deutlich, dass Großeltern für jedes zweite Kind in Deutschland einen wesentlichen Teil der kindlichen Betreuungs- und Lernumgebung darstellen – und dies bereits ab sehr frühem Kindesalter", schreiben die Autorinnen der Studie „Oma und Opa gefragt?". Neben der Vereinbarkeits- und Entlastungsfunktion der Großelternbetreuung für die Eltern attestieren ihr die Autor:innen auch eine Bildungs- und Sozialfunktion, die allen Generationen zugutekommt.[37] Helfen die Großeltern bei der Betreuung der Kinder regelmäßig mit, steigt zudem erwiesenermaßen die Lebenszufriedenheit der Mutter. Dieser Effekt ist besonders groß in Haushalten mit kleinen Kindern. Die Mütter waren dabei nicht nur mit der Kinderbetreuungssituation zufriedener, sondern auch mit ihren Möglichkeiten der Freizeitgestaltung. Die Zufriedenheit wiederum hat positive Auswirkungen auf die kindliche Entwicklung, so Leiterin Prof. C. Katharina Spieß vom Deutschen Institut für Wirtschaftsforschung: „Salopp gesagt: Zufriedene Mütter haben sozio-emotional stabilere Kinder."[38] Interessanterweise lassen sich bezüglich der Betreuung durch die Großeltern deutliche regionale Unterschiede erkennen: Im Osten Deutschlands dominiert nachmittags in den meisten Altersklassen die Kita- bzw. Schulbetreuung, während im Westen durchgängig familiäre Betreuungsformen vorne liegen. Gleichzeitig sind Großeltern auch im Osten wichtig, wenn es darum geht, Betreuung flexibel zu organisieren und beispielsweise Randzeiten bei der Kinderbetreuung abzudecken.[39]

Obwohl das Mehrgenerationenwohnen seit Mitte der 1950er Jahre eine immer geringere Rolle in Deutschland spielt, gibt es inzwischen wieder gegenläufige Tendenzen. Das Bundesfamilienministerium fördert seit 2006 mit mehreren Bundesprogrammen Mehrgenerationenhäuser in den Kommunen. Ziel ist, die verloren gegangene Großfamilie zumindest in Teilen zu ersetzen und den Gemeinschaftssinn innerhalb der Gemeinden zu fördern. Zuletzt startete am ersten Januar 2021 das Programm „Mehrgenerationenhaus. Miteinander – Füreinander". Dieses fördert rund 530 Mehrgenerationenhäuser bundesweit. Wie eine erste Evaluation des

Das **Bundesprogramm Mehrgenerationenhaus** „Miteinander – Füreinander" des Bundesministeriums für Familie, Senioren, Frauen und Jugend startete am 1. Januar 2021. Für acht Jahre werden rund 530 Mehrgenerationenhäuser bundesweit gefördert. Mehrgenerationenhäuser setzen sich in den Nachbarschaften für das Miteinander der Generationen und damit für gesellschaftlichen Zusammenhalt ein. Dabei stimmen sie sich eng mit ihren Kommunen ab.
Weitere Infos: mehrgenerationenhaeuser.de

Bundesprogramms ergab, haben sich diese während der Corona-Pandemie von einem „Ort der Begegnung" hin zu einer Möglichkeit gegenseitiger Unterstützung entwickelt.[40]

Frau Latzel, wie sieht Ihrer Meinung nach eine tatsächlich mütterfreundliche Gesellschaft aus und was kann die Politik dafür tun?

„Der Alltag als Familie an sich ist eine Herausforderung. Sei es, Arzttermine zu finden, die mit den Familienbedürfnissen kompatibel sind, oder Behördentermine wahrzunehmen, was viel Zeit und Kraft kostet. Sehr hilfreich wäre, wenn durch digitale Angebote Wege wegfallen würden oder überhaupt weniger Anträge nötig wären, um zum Beispiel Förderleistungen zu erhalten. Ein weiterer Punkt ist natürlich die bessere Bezahlung von Müttern. Die Familie ist ja die kleinste und meiner Meinung nach wichtigste soziale Einheit der Gesellschaft – wenn hier Geld investiert wird, bekomme ich automatisch bessere Kinderbetreuung und bessere Bildung. In Familien zu investieren hat positive Auswirkungen auf alle anderen gesellschaftlichen Bereiche.

Es braucht außerdem mehr Vorbilder. Mütter sollen sich bei beruflichem und politischem Engagement nicht rechtfertigen müssen, zum Beispiel in Bezug auf Fragen der Kinderbetreuung. Es muss einfach selbstverständlich werden, dass Mütter genauso wie Väter ihren Job tun. Darüber hinaus muss Sorgearbeit umverteilt und aufgewertet werden. Müt-

terlichkeit ist nicht auf Mütter reduziert. Jeder kann prinzipiell Verantwortung für Kinder übernehmen. Würden hier innerhalb unserer Gesellschaft Dinge wirklich in Bewegung kommen, würde dies Mütter enorm entlasten. Dazu zähle ich auch, dass professionelle Pflege und Kinderbetreuung mehr anerkannt wird und die hauswirtschaftlichen Berufe eine Aufwertung erfahren. Die Umverteilung und Aufwertung von Sorgearbeit im privaten wie auch im professionellen Bereich ist somit eine unserer Kernforderungen.“

Der isolierte Status von Müttern ermöglicht uns nur eine eingeschränkte Teilhabe am öffentlichen Leben. Wir werden gerade in jenen Jahren marginalisiert, in denen der Kuchen – also qualifizierte, sichere Arbeitsplätze, Rentenansprüche und Entscheidungspositionen – verteilt wird. So bleiben Männer weitgehend unter sich. Die finanzielle und soziale Benachteiligung der Frauen ist Teil dieses Systems. Wir müssen Familie und Fürsorge also aus ihrer Privatheit herausholen und als Leitprinzip der Gesellschaft verstehen. „In jedem und in jeder stecken mütterliche Kompetenzen, die unsere Gesellschaft dringend braucht – in der Familie, in der Wirtschaft und in der Politik“, schreibt der Verband der Mütterzentren e.V. im Rahmen seiner Kampagne „Mütterlichkeit hat kein Geschlecht“ auf der Homepage. Dazu brauche es ein breites gesellschaftliches Umdenken und solidarisches Handeln. Nicht umsonst ist der Bundesverband der Mütterzentren Mitglied der CEDAW-Allianz Deutschland (www.cedaw-allianz.de), die sich für die Umsetzung der UN-Frauenrechtskonvention CEDAW in Deutschland einsetzt.

CEDAW-Allianz: Die Frauenrechtskonvention CEDAW ist das wichtigste internationale Abkommen zum Schutz der Rechte von Mädchen und Frauen. Die Vertragsstaaten sind verpflichtet, die rechtliche und tatsächliche Gleichstellung umzusetzen und Diskriminierungen aufgrund des Geschlechts zu beseitigen. Das Abkommen trat 1981 in Kraft. Deutschland hat das Abkommen 1985 ratifiziert, wodurch die Vorgaben als innerdeutsches Recht den Rang eines Bundesgesetzes genießen. Seit 1999 gibt es zusätzlich ein Fakultativprotokoll, von Deutschland 2002 ratifiziert. Seitdem bietet die sogenannte Individualbeschwerde für betroffene Frauen die Möglichkeit, eine Verletzung ihrer Rechte aus der Frauenrechtskonvention geltend zu machen, wenn national die Rechtsschutzmöglichkeiten ausgeschöpft wurden.
Mehr Info: www.unwomen.de/cedaw/

Ein weiterer konkreter Schritt, die Gleichberechtigung von Frauen voranzubringen, ist die Planung von Städten, welche die Unterschiede zwischen Männern und Frauen und die Bedürfnisse von Menschen, die für andere

Fürsorge übernehmen, berücksichtigen. Wir haben mit Dr. Mary Dellenbaugh-Losse, Urbanistin und Beraterin für gendergerechte Stadtplanung, darüber gesprochen, was Städte endlich mütterfreundlich macht.

Du bist Mutter und willst aktiv werden?

- Informiere dich über bestehende Angebote von Mütter- und Familienzentren in deiner Nähe. Scheue dich nicht, auch in deinem privaten Umfeld Unterstützung zu suchen.
- Nutze die Möglichkeit, eigene Ideen umzusetzen, z.B. in Form eines Elterncafés oder selbst konzipierter Workshops, und schaffe auf diese Weise ein Netzwerk.
- Scheue dich nicht, in der Öffentlichkeit zu stillen oder deine Kinder zu Terminen mitzunehmen. Du musst dich, deine Kinder und deine Bedürfnisse als Mutter nicht verstecken.

Du möchtest (andere) Mütter unterstützen?

- Engagiere dich in deiner Nachbarschaft, hilf Müttern mit Migrationshintergrund bei Behördengängen (www.die-nachbarschaftshilfe.de) oder unterstütze Alleinerziehende bei der Kinderbetreuung. Ansprechpartner:innen findest du in Bürgerzentren, bei Interessenvertretungen oder über deine Stadtverwaltung.
- Gib Informationen zu den Angeboten der Mütter- und Familienzentren an Freund:innen und Bekannte

weiter. Du findest sie zum Beispiel auf der Seite des Bundesverbandes der Mütterzentren: www.muetter-zentren-bv.de.

- Unterstütze die Mütter- und Familienzentren auch politisch, indem du Kampagnen wie „Mütterlichkeit hat kein Geschlecht" über deine Kontakte on- und offline zu mehr Sichtbarkeit verhilfst.

Unsere Forderungen an die Politik:

- Einführung eines Erwerb-Sorge-Modells, das gleichmäßige Elternzeiten von Vätern und Müttern stärkt und dem Alleinversorgermodell gegenüberstellt.
- Rechtliche Gleichstellung von Familienformen, die außerhalb der ehelichen Kleinfamilie stehen.
- Dauerhafte Finanzierung von Mütterzentren und kommunalen Mehrgenerationenprojekten als Orten, in denen Gemeinschaft gelebt wird und Mütter im Alltag unterstützt werden.
- Stärkerer Ausbau von qualitativ hochwertiger öffentlicher Kinderbetreuung

Die Auflistung basiert unter anderem auf Forderungen des Bundesverbands der Mütterzentren und der Equal Care Initiative. Die Kontaktdaten der Initiativen findet ihr im Anhang.

„Wenn wir unsere Städte genau anschauen, können wir die Summe vieler kleiner und großer genderblinder Entscheidungen sehen."

Dr. Mary Dellenbaugh-Losse

2.2
Interview mit Dr. Mary Dellenbaugh-Losse, Beraterin für Stadtentwicklung und Autorin

Auf dem Weg ins Büro noch schnell die Kinder an Schule und Kindergarten absetzen. Auf dem Rückweg den Einkauf erledigen. Zwischendurch das Geschenk für die nächste Geburtstagsfeier besorgen. Beim Arzt kurz das Rezept abholen und anschließend zur Apotheke. Nachmittags die Kinder abholen, zu ihren Freizeitaktivitäten bringen oder den nächstgelegenen Spielplatz ansteuern. Für uns Mütter sind Wege wie diese selbstverständlich. Wir reden meist kaum darüber und doch kosten sie uns Zeit und Kraft. Besonders, wenn die zurückzulegenden Wege lang sind und sich schlecht miteinander verbinden lassen. Gerade in Städten kommen Kinder zudem bis ins Grundschulalter aufgrund des starken Autoverkehrs oft nur schlecht alleine von A nach B. Straßen dominieren das Stadtbild. Lediglich an Orten des Konsums, wie den großen Einkaufspassagen, dürfen Fußgänger sich relativ frei bewegen. Auch Spielmöglichkeiten für Kinder sind längst nicht überall vorhanden.

Wir möchten wissen:
1. **Warum ist der öffentliche Raum so eingeschränkt für Familien nutzbar?**
2. **Was brauchen insbesondere Mütter im öffentlichen Raum?**
3. **Welche Positivbeispiele mütterfreundlicher Stadtplanung gibt es und welche Schlüsse ergeben sich daraus für Deutschland?**

Dr. Mary Dellenbaugh-Losse ist Beraterin für feministische Stadtentwicklung und eine der führenden Expert:innen für Gender Planning. Mit ihrer Forschung setzt sie sich dafür ein, dass unter anderem die Bedürfnisse von Müttern bei der Stadtplanung berücksichtigt werden.

Frau Dellenbaugh-Losse, warum ist gendergerechte Stadtplanung für Mütter besonders wichtig?

„Frauen übernehmen weiterhin den Löwenanteil der Fürsorgeverantwortung. […] In der Konsequenz haben Frauen und vor allem Mütter deutlich weniger Freizeit als Männer. Diese Tendenz wird durch städtebauliche und mobilitätsbezogene Merkmale noch verschärft. Menschen mit Fürsorgeverantwortung und Personen, die bezahlte Tätigkeiten mit unbezahlter Care-Arbeit kombinieren, haben zudem andere

Mobilitätsmuster als Menschen, die „nur" arbeiten gehen. Auf Englisch nennen wir das „Trip Chaining". Der Begriff beschreibt die kettenartige Bewegung durch den Tag, zum Beispiel von zu Hause mit den Kindern in die Schule, dann zur Arbeit, nach dem Arbeitstag schnell noch einkaufen, bevor man die Kinder von der Schule abholt und sie gegebenenfalls auch noch zum Sport oder Musikunterricht bringt. Menschen, die Trip Chaining machen, sind darauf angewiesen, dass ihre Wege durch die Stadt möglichst schnell und effizient sind, sei es mit dem Auto, dem öffentlichen Nahverkehr, zu Fuß oder mit dem Rad. Sie fahren deutlich mehr und kürzere Wege und auch außerhalb der Hauptverkehrszeiten. Ihre Wege bewegen sich zudem oft um ihren Wohnort herum und sie haben öfter einen Kinderwagen oder Gepäck dabei."

Da Städte bisher überwiegend von Männern geplant und gebaut werden, werden männliche Erwerbs- und Lebensmuster bei der Planung von Infrastruktur überproportional berücksichtigt. Erst in den letzten Jahren wird das Thema des „Gender Gaps" in der Stadtplanung vermehrt diskutiert. Die Wege, die von Müttern regelmäßig zurückgelegt werden müssen, werden bei der Stadtplanung allerdings oft vernachlässigt. Noch immer bevorzugen die Verkehrsnetze in Städten vor allem lineare Fahrten mit dem Auto zu Stoßzeiten, was eine typisch männliche Fortbewegungsweise ist.

Auch bei der Planung von städtischem Wohnraum werden die Bedürfnisse von Familien mit Kindern vernachlässigt. In Haushalten mit Kindern lag die Überbelegungsquote 2021 bei knapp 16 Prozent. Davon besonders betroffen waren kinderreiche Familien, also Haushalte, in denen zwei Erwachsene mit mindestens drei Kindern zusammenwohnten (31 Prozent), gefolgt von Alleinerziehenden und deren Kindern (28 Prozent). In Haushalten ohne Kinder lag die Überbelegungsquote im gleichen Jahr mit 6,5 Prozent deutlich niedriger. Weniger als drei Prozent der kinderlosen Paare lebten in überbelegten Wohnungen.[41]

> ℹ **Überbelegungsquote:** Die Quote gibt an, wie viel Prozent der Bevölkerung in überbelegten Wohnungen leben. Eine Wohnung gilt als überbelegt, wenn darin zu wenig Raum für die Bewohner:innen vorhanden ist. Wenn zum Beispiel bei zwei Kindern unter zwölf Jahren kein gemeinsames Kinderzimmer vorhanden ist oder neben Küche, Bad und Schlafzimmer kein Gemeinschaftsraum zu Verfügung steht. Weitere Infos: www.destatis.de

Frau Dellenbaugh-Losse, welche Positivbeispiele für gendergerechte Stadtplanung gibt es?

„Im deutschsprachigen Raum ist Wien ein sehr gutes Beispiel für die Umsetzung von Gender Mainstreaming in der

Stadtentwicklung. Auch Umeå in Nordschweden ist ein absoluter Vorreiter bei diesem Thema. Das Hauptmerkmal dieser Städte ist für mich, dass sie die Bedürfnisse unterschiedlicher Geschlechter berücksichtigen, was dazu führt, dass das Angebot der Städte insgesamt diverser ist. Es entstehen andere Räume zur Freizeitgestaltung und andere Formen der Bebauung, kürzere Wege werden möglich. Die Bushaltestellen werden anders gestaltet, sodass eine gute Balance zwischen Schutz vor dem Wetter, Sichtbarkeit und Sicherheitsgefühl erreicht wird. Geh- und Radwege sind breiter. Schlicht und einfach gesagt gewinnt der öffentliche Raum an Aufenthaltsqualität, und zwar für alle Einwohner:innen.“

In Österreichs Hauptstadt Wien gehört die geschlechtergerechte Stadtentwicklung seit über zwanzig Jahren zum Planungsprozess. Auf ihrer Homepage schreibt die Stadt, ihre Stadtplanung berücksichtige gezielt die unterschiedlichen Ansprüche und Interessen verschiedener Gruppen, differenziert nach unterschiedlichen Lebenslagen, Lebensphasen, sozialem und kulturellem Hintergrund. Die Wertschätzung des Alltags von Frauen und Männern, Jung und Alt sei Grundlage der gendersensiblen Planungskultur. Gruppen, die in der Stadtplanung und im öffentlichen Raum tendenziell unterrepräsentiert sind, sollen gestärkt und in ihrem Alltag unterstützt werden. Planungsziele und Planungsmaßnahmen werden durch systematisches Abfragen der Auswirkungen auf die verschiedenen Gruppen überprüft. Das beeinflusse den Alltag aller Bewohner:innen positiv.[42] Die Stadt Wien wurde wiederholt zur lebenswertesten Stadt der Welt ausgezeichnet. Auch die Benennung öffentlicher Straßen und Plätze ist ein zentrales Element für eine geschlechtergerechte Repräsentation von Frauen im öffentlichen Raum. Neue Stadtbauprojekte wie die Seestadt Aspern wirken diesem Ungleichgewicht durch die weibliche Benennung der neuen Flächen aktiv entgegen: Straßen, Parks und Plätze tragen dort die Namen weiblicher Persönlichkeiten.[43]

Frau Dellenbaugh-Losse, wo stehen deutsche Städte im internationalen Vergleich in Sachen gleichberechtigter Stadt?

„Es gibt einige deutsche Städte, die darauf achten, allerdings würde ich aus meiner Erfahrung sagen, dass das Thema in Deutschland bisher noch nicht wirklich angekommen ist. Es sieht aber so aus, als würde sich das bald ändern: Sowohl Cansel Kiziltepe, die aktuelle parlamentarische Staatssekretärin der Bundesministerin für Wohnen, Stadtentwicklung und Bauwesen, als auch die Bundesministerin Klara Geywitz selbst haben sich das Thema gendergerechte Stadtplanung auf die Fahnen geschrieben. Mitte 2022 wurde hierzu auf dem SPD-Parteitag ein entsprechender Antrag gestellt.“

Ein Grund dafür, dass deutsche Städte den unterschiedlichen Bedürfnissen ihrer Einwohner:innen bisher so wenig Aufmerksamkeit widmen, sind fehlende finanzpolitische Regelungen. Denn, anders als in vielen unserer Nachbarländer, sind öffentliche Ausgaben der Bundesregierung nicht an eine geschlechtergerechte Verteilung gebunden. Und das, obwohl dies gegen die Verpflichtung zur Gleichstellung der Geschlechter verstößt. Teil einer geschlechtergerechten und inklusiven Stadtplanungspolitik ist deshalb das Gender Budgeting. Dabei wird unter anderem darauf geachtet, dass geplante und im Stadthaushalt finanzierte Projekte gleichermaßen Männern und Frauen zugutekommen.

Was ist Gender Budgeting und wem nützt es?

„*Bei Gender Budgeting gilt das gleiche Prinzip wie bei der genderbewussten Analyse städtischer Räume. Es gibt nicht, wie manche denken, ein separates Budget für Frauenangelegenheiten, sondern es geht darum, darauf zu achten, dass die öffentlichen Ausgaben nicht unabsichtlich genderblind sind. Ein Beispiel: Unsere Musterstadt möchte gerne ein neues Sport- und Freizeitzentrum für die jungen Menschen der Stadt errichten. Die Planung beinhaltet einen Basketballplatz, einen Fußballplatz und einen Skaterpark. Aber Achtung: Viele Studien zeigen, dass Mädchen früher aufhören, Sportplätze zu nutzen als Jungs, und zwar teilweise drei oder vier Jahre früher. Das heißt, wenn unsere Musterstadt ihr Sport- und Freizeitzentrum so baut wie geplant und keine weiteren Maßnahmen vorsieht, wird dieses Geld unbeabsichtigt mehr Jungs als Mädchen zu Gute kommen. Um dieser Diskriminierung entgegenzuwirken, könnte unsere Stadt Angebote für Mädchen schaffen, die sie in der Nutzung der neuen Räume unterstützen, zum Beispiel Mädchenfußball, einen Girls' Skater Club oder Trainingszeiten nur für Mädchen. Wichtig ist auch nicht nur, wie viele Jungs und Mädchen die Räume benutzen, sondern ebenso qualitative Aspekte wie die Ausstattung und zeitliche Nutzbarkeit. Bekommt die Jungs-Fußballmannschaft immer die besten Trainingszeiten? Hat das Mädchenbasketballteam eine ähnlich hochwertige Ausstattung wie das Jungsteam?"*

Gender-Mainstreaming bedeutet, die unterschiedlichen Lebenssituationen und Interessen von Menschen aller Geschlechter bei Entscheidungen zu berücksichtigen, um so deren Gleichstellung durchzusetzen. Der Ansatz ist präventiv und wird vor allem in öffentlichen Einrichtungen oder bei politischen Entscheidungen umgesetzt. Entsprechende Ansätze finden sich in der Privatwirtschaft unter dem Begriff Diversity Management.[44]

In der gerechten Verteilung von Ressourcen und Mitteln sehen Expert:innen einen unmittelbaren Bezug zu Gleichstellung. Aktuell wird Gender Budgeting in mehr als 80 Ländern weltweit angewandt. In den europäischen Staaten Belgien, Finnland, Island, Norwegen, Österreich, Spanien und Schweden ist Gender Budgeting verfassungsmäßig verankert. Dagegen gibt es in Deutschland bisher keine rechtliche Verbindlichkeit zur geschlechtergerechten Haushaltsplanung. Das Gutachten der Kommission zum Zweiten Gleichstellungsbericht der Bundesregierung bemängelt, dass eine gleichstellungsorientierte Haushaltsführung für den Bundeshaushalt als Ganzes fehlt. Es empfiehlt die schrittweise Einführung des Gender Budgeting „als finanzpolitisches Instrument des Leitprinzips Gleichstellung".[45] Im Koalitionsvertrag der Ampel wird Gender Budgeting zwar erstmals als Ziel formuliert „im Sinne einer verstärkten Analyse der Auswirkungen finanzpolitischer Maßnahmen auf die Gleichstellung der Geschlechter". Wann und wie Gender Budgeting nun konkret umgesetzt werden soll, bleibt allerdings bisher von der Regierung unbeantwortet.[46]

Frau Dellenbaugh-Losse, was müsste politisch geschehen, um Städte wirklich mütterfreundlich zu gestalten?

„Zum einen ist das Problem wie gesagt Genderblindheit. Das heißt konkret, wir sehen oft gar nicht, wie problematisch unsere Stadtplanung ist. Zum anderen ist es problematisch, dass wir im Bereich Bauen und Planung noch immer eine ziemlich starke Arbeitsmarkttrennung haben. Das heißt, bei Entscheidungen fehlen schlicht die Frauen am Tisch. Erschwerend kommt dazu, dass just den Menschen, von denen

wir sprechen – denjenigen, die mit Kindern, Arbeit, Freizeit, Beziehung, Sport, und tausend weiteren Themen jonglieren –, die Zeit fehlt, sich an Planungsprozessen zu beteiligen. Es ist nicht, dass sie keine Lust haben, aber angebotsbasierte Beteiligungsformate sind dafür prädestiniert, eben diese Stimmen nicht zu zählen.

Angebotsbasierte vs. aufsuchende politische Beteiligung: Im Gegensatz zu angebotsbasierten politischen Beteiligungsformaten wie zum Beispiel Bürger:innensprechstunden oder Wahlen, werden bei aufsuchenden politischen Beteiligungsformaten Menschen in ihrer alltäglichen Umgebung befragt, zum Beispiel am Arbeitsplatz oder an der Wohnungstür. So haben zum Beispiel auch Bevölkerungsgruppen mit eingeschränkter Mobilität die Möglichkeit, an demokratischen Prozessen teilzunehmen.

Wir brauchen nach Geschlecht aufgeschlüsselte Daten, um gerechte Entscheidungen zu treffen, aber auch Genderexpert:innen mit am Tisch, deren Job es ist, entsprechende Fragen mit im Blick zu behalten. Wir brauchen diversere Kolleg:innen in den Planungsberufen für eine größere Vielfalt an Ideen. Und wir benötigen aufsuchende Beteiligungsformate, um eine breitere Vielfalt an Stimmen aus der Bevölkerung zu erreichen. Das alles ist ein langer Prozess. Unsere Städte in

Deutschland sind historisch gewachsen, vom Wiederaufbau der Nachkriegszeit bis heute, wodurch die funktionale Trennung und damit die Genderrollen auch strukturell verfestigt wurden. Wenn wir unsere Städte genau anschauen, können wir die Summe vieler kleiner und großer genderblinder Entscheidungen sehen – dunkle Ecken, Angsträume, Bushaltestellen an den falschen Orten, Fußgängerampelphasen, die zu kurz sind für Menschen, die etwas langsamer gehen müssen, Stufen ohne barrierefreie Alternativen. Aber wir können ausprobieren und experimentieren, Schritt für Schritt. Es gibt viele inspirierende Beispiele europäischer Städte, die mit etwas Anpassung an das Umfeld vor Ort auch in deutschen Städten möglich sind.[47]

Für die Stadtentwicklung bedeutet das unter anderem Folgendes: Sie sollte die [...] Breite und Qualität von Radwegen überprüfen. Diese sollten auch für Räder mit Anhänger und Lastenräder geeignet sein. Darüber hinaus sollte sie die Anbindung von Wohngebieten an den öffentlichen Nahverkehr, auch außerhalb der Hauptverkehrszeiten, zum Beispiel zwischen 14 und 16 Uhr, überprüfen. Zudem die Taktung und Zugänglichkeit zu Angeboten des öffentlichen Nahverkehrs: Sind ebenerdige Eingänge vorhanden, gibt es auch gegen Ende des Schultags eine dichte Taktung? Und nicht zuletzt sollten die Preisgestaltung der öffentlichen Verkehrsmittel sowie die Parkmöglichkeiten überprüft werden, zum Beispiel für kurzzeitiges Parken. Die gute Nachricht ist, dass wir die Werkzeuge haben, um unsere Städte für alle Bewohner:innen lebenswerter zu machen. Wir brauchen „nur" den politischen Willen dazu.“

Spannend ist, dass nicht nur Mütter von einer geschlechtergerechten Stadtplanung profitieren. Neue Mobilitätskonzepte für Menschen, die zu Fuß oder mit dem Rad unterwegs sind, eröffnen den Bewohner:innen einer Stadt eine ganz neue Lebensqualität. In verkehrsberuhigten oder gar autofreien Vierteln, wie es sie bereits in vielen Städten im Ausland gibt, können sich Menschen wieder begegnen. Kinder können in den Straßen spielen. Es gibt weniger Abgase und Lärm, dafür mehr Platz für Bänke, Spielplätze und Cafés. Außerdem sind die Wege sicherer und tägliche Ziele können besser erreicht werden. Ein praktisches Beispiel mütterfreundlicher Stadtplanung sind kostenlose öffentliche Toiletten. Diese sind besonders für Frauen, die sich mit ihren Kindern in der Stadt bewegen, wichtig. Letztlich profitieren jedoch alle Einwohner:innen davon. Städtische Räume müssen in Zukunft gezielt so gestaltet werden, dass Care-Arbeit leichter stattfinden kann.

Du bist Mutter und willst aktiv werden?

- Informiere die Politiker:innen deiner Stadt in Bürger:innensprechstunden, über Leser:innenbriefe oder Petitionen über Missstände aus Muttersicht, zum Beispiel schlecht beleuchtete „Angstzonen“, beschädigte Spielgeräte auf Spielplätzen oder mit dem Kinderwagen nur schwer zugängliche Orte, und fordere sie zu Veränderung auf.

Du möchtest (andere) Mütter unterstützen?

- Unterstütze Initiativen für eine kinderfreundliche und lebenswerte Stadt, wie zum Beispiel Kidical Mass www.kinderaufsrad.org oder Kinderfreundliche Kommunen e.V. www.kinderfreundliche-kommunen.de und hilf in Nachbarschaftsnetzwerken wie zum Beispiel www.nebenan.de mit, um dein direktes Umfeld familienfreundlicher zu gestalten.
- Unterstütze über Petitionen und die Bürger:innensprechstunde deiner Stadt Forderungen nach autofreien Innenstädten und dem Ausbau des öffentlichen Nahverkehrs.

Unsere Forderungen an die Politik:

- Die Umsetzung von Gender Budgeting als finanzpolitisches Instrument des Leitprinzips Gleichstellung auf allen haushaltspolitischen Ebenen.
- Eine Verankerung von Gender-Planning in den Stadtentwicklungsprozessen der Kommunen.
- Stärkere Förderung des sozialen Wohnungsbaus.
- Eine Reform des Straßenverkehrsrechts unter Berücksichtigung der Bedürfnisse von Kindern.
- Die Umwandlung innerstädtischer Infrastruktur in weitgehend autobefreite Zonen.

Die Forderungen basieren unter anderem auf Empfehlungen, die aus dem Zweiten Gleichstellungsbericht der

Bundesregierung hervorgehen, sowie auf den Forderungen der Initiative Kidical Mass. Die Kontaktdaten zu den Initiativen findet ihr im Anhang.

3

Arbeit und Karriere

Wie wir echte Vereinbarkeit erreichen

„Nur, wenn sich die Strukturen verändern, kann sich das gesellschaftliche Klima wandeln."

Cornelia Spachtholz

3.1
Interview mit Cornelia Spachtholz, Vorsitzende des Verbands berufstätiger Mütter e.V.

Die Titel erfolgreicher Ratgeber zum Thema Frauen und Karriere lesen sich wie zitiert aus einem Motivationsseminar für Managerinnen: „Frauen und Gehalt: So verhandeln Sie gelassen und erfolgreich", „Karrierefrau: Wie Sie sich in einer männlich geprägten Berufswelt durchsetzen, um erfolgreicher im Beruf zu sein" oder auch „Lean In: Frauen und der Wille zum Erfolg". Sicher meinen sie es nur gut. Dennoch sind Ratgeber wie diese problematisch, denn sie suggerieren uns Frauen, dass es nur ein wenig Selbstoptimierung brauche, um im Beruf so erfolgreich zu sein, wie es Männer sind. Die Lohnlücke zwischen Männern und Frauen, der sogenannte „Gender Pay Gap", wird als individuelles Problem verstanden, das jede für sich lösen könne. Damit wird die Verantwortung für die Schwierigkeiten im Berufsleben einmal mehr uns Müttern selbst gegeben.

Wir wollen wissen:

1. **Was hindert Mütter auch heute noch an der Vereinbarkeit von Familie und Beruf?**
2. **Was brauchen Mütter, um beruflich wirklich gleiche (Karriere-) Chancen zu haben?**
3. **Was kann die Politik tun, um der Benachteiligung von Müttern am Arbeitsmarkt entgegen zu wirken?**

Als Mütter haben wir in der Regel kein Motivations-, sondern ein Betreuungsproblem. Wenn die Arbeitszeiten nicht vereinbar mit den Betreuungszeiten in Kindergarten und (Grund-) Schule sind, hilft auch der beste „Wille zum Erfolg" nicht weiter. Ein „Coaching" hilft vielleicht, den Spagat zu üben, der Mütter über den strukturellen Graben führt, er macht ihn allerdings nicht kleiner. Mit Cornelia Spachtholz, der Vorstandsvorsitzenden des Verbands berufstätiger Mütter e.V., haben wir darüber gesprochen, welche Hürden speziell Frauen mit Kindern in der Berufswelt begegnen und wie wir sie gemeinsam überwinden können.

Frau Spachtholz, wie sieht die Situation berufstätiger Mütter heute aus?

„Wir haben die historisch neue Situation, dass Frauen durch Elternzeit- und Elterngeldregelungen, aktivere Väter und eine sich wandelnde Arbeitswelt zwar einerseits früher in den Job zurückkehren, dort jedoch häufig in Teilzeit arbeiten oder nur geringfügig beschäftigt sind. Oft wech-

seln Mütter, anders als Väter, nach der Elternzeit auch ihren Arbeitgeber, weil sie an die Grenzen der Vereinbarkeit von Familie und Beruf stoßen. Typisch für berufstätige Mütter sind also „atmende Lebensläufe" mit Erwerbsunterbrechungen und -reduzierungen. Dagegen haben junge, gut ausgebildete Frauen ohne Kinder oft das Hindernis, dass sie bei ihrer Einstellung noch eine Familie gründen können und dadurch von manchen Arbeitgebern als unternehmerisches Risiko angesehen werden. Bei den Müttern mit heranwachsenden, betreuungspflichtigen Kindern kommt die klassische „Sandwich-Funktion" hinzu, das heißt, sie müssen sich einerseits um ihre Kinder kümmern und oft zusätzlich um ältere pflegebedürftige Angehörige. Zudem hat sich in Deutschland noch keine Kultur der Führung in Teilzeit oder des Gender Top Sharings, also der geschlechtsgemischten Teams auf allen Führungsebenen, etabliert, wie es unser Verband fordert. Dies würde nicht nur Müttern innerhalb von Unternehmen ganz andere Karrierewege ermöglichen, sondern auch Vätern zu mehr zeitlicher Flexibilität verhelfen, die sie für ihr Engagement innerhalb der Familie nutzen könnten."

Dass sich Familie und Beruf hierzulande schlecht miteinander vereinbaren lassen, können wir an der Erwerbsquote der Mütter ablesen. Nur rund 13 Prozent der Mütter mit Kindern unter drei Jahren kehren nach der Elternzeit in ihre Vollzeit-Beschäftigung zurück. Im internationalen Vergleich liegt Deutschland damit deutlich unter der Quote seiner Nachbarländer. Während in

Schweden, Dänemark, aber auch Portugal oder Slowenien rund acht von zehn Müttern mit Kindern unter 15 Jahren 30 Wochenstunden oder mehr arbeiteten, sind es in Deutschland nur knapp vier von zehn.[48]

Während sich über 90 Prozent der Väter, weitgehend unabhängig vom Alter ihrer Kinder, am Erwerbsleben beteiligen, gehen nur etwa 37 Prozent der Mütter in Westdeutschland überhaupt arbeiten, solange das jüngste Kind unter drei Jahre alt ist. In Ostdeutschland liegt die Quote im Schnitt um 10 Prozent höher. Die Erwerbsbeteiligung unter Müttern erreicht erst ihren Höhepunkt, wenn das jüngste Kind zwischen zehn und 14 Jahre alt ist.[49] Dass dies nicht immer den Wünschen der Mütter entspricht, zeigen Studien zum gewünschten Erwerbsumfang von Müttern. Zwar fallen die Wünsche von Müttern, einer Erwerbstätigkeit nachzugehen, je nach Region, Qualifikation der Mutter und Alter des jüngsten Kindes unterschiedlich aus.[50] Besonders jene, die unter 20 Stunden oder gar nicht erwerbstätig sind, sind das jedoch in vielen Fällen unfreiwillig.[51] Die Gründe liegen einerseits in den fehlenden Kinderbetreuungsmöglichkeiten und andererseits in den einschränkenden Rahmenbedingungen. Dazu gehören unflexible Arbeitszeiten und -orte, lange Pendelstrecken oder die Erwartung, Überstunden zu machen.[52]

Aber auch der Familienstatus hat einen Einfluss auf den Umfang der Erwerbstätigkeit von Müttern. Nur jede vierte verheiratete Mutter arbeitet Vollzeit. Damit leben knapp drei Viertel aller Ehepaare mit Kindern unter

15 Jahren in einer traditionellen Arbeitszeitaufteilung, in der der Vater in Vollzeit und die Mutter in Teilzeit beschäftigt ist. Bei 23 Prozent der Ehepaare gehen beide Elternteile einer Vollzeittätigkeit nach. Der Anteil der Familien, in denen beide Elternteile in Teilzeit arbeiten, liegt bei nur vier Prozent. Noch geringer vertreten sind Familien, in denen die Mutter in Vollzeit arbeitet und der Vater in Teilzeit. Er liegt nur bei etwa zwei Prozent der Ehepaare.[53]

Noch einmal verschärft hat sich die ungleiche Verteilung der Erwerbstätigkeit durch die Corona-Pandemie. Dabei haben Mütter nicht nur kurzfristig während des Lockdowns ihre Arbeitszeit stärker reduziert als Väter. Einer Studie des Wirtschafts- und Sozialwissenschaftlichen Instituts (WSI) zufolge weisen Mütter auch Anfang 2022 noch eine geringere Erwerbsbeteiligung auf als davor. Laut Daten der Hans-Böckler-Stiftung haben im Januar 2022 rund 67 Prozent der Mütter den Hauptteil der Kinderbetreuung übernommen, vor Corona waren es rund 61 Prozent.[54] Die Arbeitszeitdifferenz zwischen Männern und Frauen hat sich damit erstmals seit 2013 wieder erhöht. Expert:innen wie die Präsidentin des Wissenschaftszentrums Berlin für Sozialforschung Prof. Dr. Jutta Allmendinger sprechen deshalb von einer Retraditionalisierung der Geschlechterverhältnisse in Folge der Pandemie.[55] So lange das so bleibt, unterscheiden sich die Lebensbedingungen zwischen Vätern und Müttern fundamental. Diese Unterschiede müssen politisch und gesellschaftlich ins Bewusstsein rücken, um die mütterliche Realität angemessen berücksichtigen zu können.

Tatsache ist, dass längst nicht alle Mütter in Vollzeit arbeiten wollen, selbst wenn sie theoretisch die Möglichkeit hätten. Denn eine traditionelle Vollzeittätigkeit lässt in der Regel kaum Spielraum für die Bedürfnisse von Kindern und Eltern. Deshalb kann sie für uns nicht der Maßstab sein. Warum sich dagegen der Erwerbsumfang von Vätern nach der Familiengründung in den allermeisten Fällen nicht ändert oder teilweise sogar höher wird, ist die entscheidende Frage, die wir uns stellen müssen.

Brauchen Mütter andere Regeln am Arbeitsmarkt als Väter?

„Seit über zehn Jahren fordere ich, Männer zum gleichen unternehmerischen Risiko zu erklären wie uns Frauen. Als Verband berufstätiger Mütter fordern wir zum Beispiel ein Elternschutzgesetz, in das das Mutterschutzgesetz als eigenständiger Bestandteil eingebettet ist. Wir fordern Kündigungsschutz für werdende Väter in Analogie zum Mutterschutz, und zwar spätestens ab dem dritten Monat der Schwangerschaft der Partnerin. Dazu eine bezahlte Freistellungsphase nach der Geburt von mindestens zwei Wochen, wie auch im Ampelkoalitionsvertrag vereinbart, und hälftige Elternzeit. Ich denke auch, dass diese Ziele, die im europäischen Ausland bereits erprobt sind, bei transparenter Kommunikation und Aufklärung auch in Deutschland eine Mehrheit finden würden. Wollen wir wirklich

den nächsten großen Schritt bezüglich Vereinbarkeit von Familie und Beruf gehen – was ich persönlich für unbedingt erforderlich halte –, ist es wichtig, dass wir die Menschen mitnehmen. Daher ist eine unserer Forderungen als Verband auch, dass die drei bisherigen Gleichstellungsberichte der Bundesregierung sowie wirtschaftliche und umweltpolitische Grundlagentexte für alle politischen Akteur:innen und Funktionsträger:innen Pflichtlektüre werden.

Wir erleben aktuell einen enormen Wandel innerhalb unserer Gesellschaft, auch mit vielfältigen Familienmodellen. Mitten unter uns leben Menschen mit unterschiedlichster Migrationsgeschichte, Familien- und Bildungshintergrund – wir sollten auf dem Weg zu einer inklusiven Gesellschaft sein, denn Diversität ist ein Gewinn. In diesem Kontext brauchen wir starke strukturelle Veränderungen im Steuerrecht sowie im Familien- und Arbeitsrecht und müssen auch unser Betreuungs- und Bildungssystem hinterfragen. Nur so ist Veränderung tatsächlich möglich. Denn wenn die Struktur uns nicht den Weg bereitet, kommt ein kultureller Wandel in den Köpfen und Herzen nicht an.“

Als Mütter sind wir am Arbeitsmarkt ganz konkret von Benachteiligung betroffen. Nach Angaben der Antidiskriminierungsstelle der Bundesregierung beziehen sich fast 40 Prozent aller Anfragen auf geschlechterbezogene Diskriminierung am Arbeitsplatz. Vor allem Frauen suchen Rat aufgrund ungleicher Gehälter, Benachteiligung im Zusammenhang mit ihrer Elternzeit oder auch Erfahrungen von (sexueller) Belästigung am Arbeitsplatz.

Besonders heikel für Mütter ist offenbar die Zeit rund um Schwangerschaft und Geburt: Laut viertem Bericht der Antidiskriminierungsstelle meldeten sich viele Ratsuchende, deren Arbeitsvertrag nach Bekanntgabe einer Schwangerschaft nicht verlängert oder entfristet wurde, die mutmaßlich wegen einer Schwangerschaft bei Beförderungen übergangen wurden oder keine Gehaltserhöhung oder Weihnachtsgeld erhielten.[56] Manchmal erwartet Mütter nach der Elternzeit auch direkt die Kündigung.

Aufschlussreich ist, dass offenbar nicht nur Mütter von Diskriminierung aufgrund ihrer Elternschaft betroffen sind. In einer erst kürzlich veröffentlichten Studie zu Diskriminierungserfahrungen von fürsorgenden Erwerbstätigen berichten Väter in Bezug auf die Anmeldung von Elternzeit sogar häufiger als Mütter von diskriminierenden Erfahrungen, etwa abfälligen oder negativen Kommentaren von Vorgesetzten (Väter: 30 Prozent; Mütter: 24 Prozent). Insgesamt berichten fast zwei Drittel aller befragten Eltern von mindestens einer negativen Erfahrung am Arbeitsplatz innerhalb der letzten sechs Jahre. Davon sind allerdings deutlich mehr Mütter (72 Prozent) als Väter (44 Prozent) betroffen. Geschildert werden Formen der Ausgrenzung und sozialen Herabwürdigung, beispielsweise, dass Informationen nicht mehr weitergeleitet werden, Betroffenen aufgrund ihrer Fürsorgeaufgaben Verantwortung entzogen oder ihnen weniger anspruchsvolle Aufgaben zugeteilt werden. Während Mütter eher erst nach der

Elternzeit von Diskriminierungen betroffen sind, werden Väter häufig bereits davor unter Druck gesetzt und genötigt, kürzer als geplant in Elternzeit zu gehen. Auch Menschen, die Angehörige pflegen, sind laut Bericht häufig von Diskriminierung betroffen.[57]

Wirklich wehren können sich Mütter und Väter dagegen bis heute nicht. Es fehlt schlicht die gesetzliche Grundlage, die sie nach der Elternzeit vor Benachteiligungen schützt und diese sanktioniert. Seit 2021 kämpft die Initiative #proparents um Rechtsanwältin Sandra Runge dafür, das Diskriminierungsmerkmal „Elternschaft" ins Allgemeine Gleichbehandlungsgesetz (AGG) aufzunehmen. Demnach dürfe niemand „auf Grund des Geschlechtes, insbesondere unter Bezugnahme auf den Familienstand oder den Umstand, ob jemand Kinder hat, unmittelbar oder mittelbar diskriminiert werden".[58] Bei einer klaren Verankerung von Elternschaft im AGG könnten Eltern im Diskriminierungsfall Schadensersatz geltend machen und sich auf eine Beweislastumkehr stützen. Nicht die betroffene Mutter oder der betroffene Vater müssten dann die Diskriminierung belegen; stattdessen müsste das Unternehmen nachweisen, dass *keine* Diskriminierung vorlag. Sandra Runge, die Hauptinitiatorin von #proparents, betont, dass bewusst nicht nur Mütter mit der Initiative angesprochen werden sollen, sondern Eltern insgesamt. Auch wenn mehrheitlich Mütter betroffen sind, wären damit auch jene Väter besser geschützt, die nach der Geburt ihres Kindes länger als zwei Monate in Elternzeit gehen. Eine entsprechende Gesetzesänderung würde auf mehreren Ebenen zur Gleichstellung der Geschlechter beitragen. Die Petition der #proparents-Initiative erreichte 2021 über 51.000 Unterstützer:innen und relativ große mediale Aufmerksamkeit. Im Juli 2023, zwei Jahre nach der Petition, legte nun auch die unabhängige Bundesbeauftragte für Antidiskriminierung, Ferda Ataman, ein Grundlagenpapier zur Reform des AGG vor, in dem „familiäre Fürsorgeverantwortung" als Diskriminierungsgrund aufgeführt wird.[59]

Proparents-Initiative: 2021 startete die Autorin und Fachanwältin für Arbeitsrecht Sandra Runge gemeinsam mit Kommunikationsberaterin Karline Wenzel die Initiative #proparents. Die Initiative macht sich seitdem stark für mehr Rechte von Eltern am Arbeitsplatz und fordert, das Allgemeine Gleichbehandlungsgesetz (AGG) um das Diskriminierungsmerkmal „Elternschaft" zu erweitern. Aktuell setzt sich die Initiative für eine Anhebung des seit 16 Jahren trotz Inflation nicht erhöhten Elterngeldes ein. Info: proparentsinitiative.de

Immerhin wurde zudem im Jahr 2018 das Mutterschutzgesetz neu gefasst. Es entspricht nun stärker dem Leitbild einer gleichberechtigten Erwerbsbeteiligung von Frauen. Arbeitgeber:innen sind qua Gesetz dazu verpflichtet, den Arbeitsplatz schwangerer oder stillender

Frauen so einzurichten, dass sich Schwangerschaft, Stillwunsch und Berufstätigkeit nicht von vornherein ausschließen. Eine kürzlich veröffentlichte Studie im Auftrag des Deutschen Gewerkschaftsbundes (DGB) zu den Arbeitsbedingungen von schwangeren und stillenden Frauen zeigt allerdings, dass es bei der Umsetzung der mutterschutzrechtlichen Vorgaben in den Betrieben noch erhebliche Mängel gibt.[60] So wird die gesetzlich vorgeschriebene Gefährdungsbeurteilung durch den Arbeitgeber bei mehr als jeder dritten Schwangeren ignoriert, elf Prozent der Befragten wussten nicht einmal, ob eine Gefährdungsbeurteilung durchgeführt worden war. Lange Arbeitszeiten sind für schwangere Frauen in vielen Fällen an der Tagesordnung. Außerdem werden laut Studie die Vorschriften zu Pausen und Ruhezeiten vielfach nicht eingehalten. Jeder zweiten Befragten stand gar kein Ruheraum zur Verfügung. Die Zeit der Schwangerschaft, Geburt und Stillzeit ging bei ganzen 28 Prozent der Befragten mit langfristigen beruflichen Nachteilen einher. Bei zwei Dritteln aller Befragten wurde die berufliche Weiterentwicklung verzögert oder ganz blockiert. Diese Ergebnisse zeigen, dass „schwangere und stillende Arbeitnehmerinnen in der Arbeitswelt auch heute noch als Abweichung von der Norm, als Ausnahmeereignis, wahrgenommen [werden]", so der DGB Frauen.[61]

Was helfen also Gesetze, wenn sie nicht kontrolliert und eingehalten werden? Und was ist mit all jenen Benachteiligungen, die gar nicht erst als solche erkannt werden? Die Frauenquote ist ein gutes Beispiel dafür.

Sie sorgt zwar für einen höheren Anteil von Frauen in politischen Positionen und Führungsetagen. Allerdings führt sie nicht automatisch zu mehr Beteiligung von Müttern. Um die Vereinbarkeit zu fördern und Bedingungen zu schaffen, die speziell Müttern Karrierechancen ermöglichen, bräuchte es also eher eine Mütterquote. Die kommt in der öffentlichen Diskussion um Gleichberechtigung aber so gut wie nicht vor.

Frau Spachtholz, wie schaffen wir es, die Arbeit nicht nur im beruflichen Umfeld, sondern auch innerhalb der Familie gerechter zu verteilen?

„Erst einmal müssen wir weg vom Ehegattensplitting, hin zu einer Individualbesteuerung. Zusätzlich muss die beitragsfreie Mitversicherung an eine Kinderbetreuungs- oder Pflegebetreuungszeit von Angehörigen gekoppelt sein. Sie ist damit eben keine Mitversicherung mehr, sondern eine beitragsfreie Eigenversicherung. So könnten Verheiratete nicht automatisch und unabhängig von ihren Familienaufgaben daran partizipieren, sondern die beitragsfreie Eigenversicherung würde in erster Linie Menschen, die Betreuungsaufgaben übernehmen, zugutekommen. Hinzu kommt die Sozialversicherungspflicht ab dem ersten Cent. Es ist nicht zu verstehen, warum zwischen Freiberuflichkeit und Selbstständigkeit unterschieden wird und nicht alle Erwerbstätigen bis hin zu Mandatstragenden in ein Rentensystem sozialversicherungspflichtig einzahlen. Diesen historisch gewachsenen Flicken-

teppich müssen wir hinterfragen. Wir brauchen Mut, Integrität und Sachverstand, und das Ganze mit einem Gefühl für die Menschen und deren Gleichwertigkeit. Echte Gleichstellung bedeutet: Wir leben eine inklusive Gesellschaft. Das sollte so selbstverständlich sein wie das Tragen von Gurten beim Autofahren. Man denkt gar nicht mehr darüber nach.

Genauso wünsche ich mir die Anerkennung der unterschiedlichen Familienmodelle und Mütterrollen. In keinem anderen Land gibt es ein solches Mütterbashing wie hier in Deutschland. Allein, welche Begriffe wir verwenden: Rabenmutter, Latte-Macchiato-Mum, Helikopter-Mutter… Sprache ist ein Teil von Kultur und sie prägt unsere Wahrnehmung der Wirklichkeit. Wenn wir als Mütter immer nur mitgedacht und mitgemeint sind, geht es uns wie den Vätern in Unternehmen, in denen es zwar Elterngruppen gibt, zu denen die Väter aber nicht explizit eingeladen werden, genauso wenig, wie sie aktiv gefragt werden, ob sie Elternzeit nehmen möchten. Oder im Kindergarten, wo oft genau umgekehrt nur die Mutter angesprochen wird. Nur, wenn wir Sprache und Struktur ändern, haben wir eine realistische Chance, die Kultur zu verändern.“

Frauen, die in öffentlichen Ämtern offensiv als Mutter auftreten, wird häufig mit Skepsis und Ablehnung begegnet. Besonders deutlich wird das in der Politik: Nicht nur Annalena Baerbock wurde vor ihrer Kanzlerkandidatur 2021 mit der Frage konfrontiert, ob sie sich die Übernahme des Amtes auch als Mutter zutraue. Grünen-Politikerin Ann-Sophie Bohm, die 2021 ihr sechs

Monate altes Baby zu einer Stadtratssitzung in Weimar mitnahm, erhielt in Folge eine anonyme Anzeige wegen Kindeswohlgefährdung. Bohm kommentierte den Vorfall so: „Man versucht offenbar, Menschen mit kleinen Kindern aus der Politik zu drängen. Die Politik braucht aber genau diese Menschen."[62] Kein Einzelfall, denn schon 2018 wurde die Abgeordnete Madeleine Henfling aus dem Thüringer Landtag geworfen, weil sie ihr erst wenige Wochen altes Baby bei einer Plenarsitzung dabeihatte. An der wichtigen Abstimmung an diesem Tag durfte die junge Mutter nicht teilnehmen.[63] Teilhabe und politische Mitbestimmung von Müttern wird auf diese Weise aktiv verhindert. Einen großen gesellschaftlichen Aufschrei gab es deshalb bisher allerdings nicht.

Auch im Wissenschaftsbereich behindern spezifische Faktoren den Aufstieg und Verbleib in (universitären) Führungspositionen von Frauen. So stellten Ulrike Beisiegel, von 2011 bis 2019 Präsidentin der Universität Göttingen, und Unternehmer Norbert Sack in ihren 12 Thesen zum Gender Bias in der Wissenschaft fest, dass sich der eher sachorientierte und kooperative Führungsstil von Frauen von dem eher kompetitiven von Männern unterscheide. Das führe dazu, dass Frauen in Führungspositionen von ihren männlichen Kollegen als zu „weich" und nicht ausreichend durchsetzungsstark gedeutet würden. „In Führungspositionen und besonders bei der Übernahme der Aufgaben stehen Frauen immer noch an vielen Stellen einem unconscious gender bias in der primär männlich geprägten Wissenschaftswelt gegenüber. Führung ist noch immer männlich besetzt und es steht die unterschwellige Frage im Raum: Können Frauen überhaupt führen?" Dazu kommen ständige ungewollte Diskriminierungen: „Welche Frau in einer Führungsposition wurde nicht schon einmal mit der Teamassistenz oder Sekretärin verwechselt? Wie oft geschieht es in Meetings, dass eine Frau eine Aussage macht, die so lange ignoriert wird, bis sie ein männlicher Kollege wiederholt? Dies alles erschwert deutlich die Einarbeitung und die Führungsausübung einer Frau."[64] Zudem hätten Frauen tendenziell weniger Erfahrung im Aufbau von Netzwerken als Männer und könnten auf eine geringere Zahl bestehender beruflicher Netzwerke zurückgreifen. Dies sei vor allem bei der internen (Wieder-) Besetzung von Stellen im Wissenschaftsbereich ein deutlicher Nachteil. Auch traditionelle Rollenvorstellungen und -erwartungen wie die, dass Frauen eher die „umsorgende", nicht dominierende Rolle einnehmen sollten, behinderten deren beruflichen Aufstieg. Das Machtwort der Chefin wird von Männern und Frauen offenbar nicht ernst genommen oder gar als hysterisch und damit unprofessionell interpretiert, während ein Vorgesetzter in derselben Situation als führungsstark wahrgenommen wird. Paradoxerweise wird in einem hierarchisch geführten und eher konservativen Umfeld wie dem der Universitäten ausgerechnet die Fähigkeit vieler weiblicher Führungspersonen zu innovativen Lösungen und einer sachbezogenen Kommunikation zum Hindernis. Strebten weibliche Führungskräfte Veränderungen an und kommunizierten dies auch offen, stoße dies häufig auf Widerstand, so Beisiegel und Sack. Im Zweifelsfall werde bei internen Neubesetzungen somit eher der konservative Gegenkandidat gewählt und gerade nicht die innovative Kollegin, die die bestehenden (Macht-) Strukturen in Frage stelle.

Bis heute gibt es kaum Zahlen, wie hoch der Anteil von Müttern in Führungspositionen tatsächlich ist. Einen Hinweis geben die inzwischen gut dokumentierten Gehaltsunterschiede zwischen Frauen mit und ohne Kinder. Neuere Studien haben bestätigt, dass jedes weitere Kind mit deutlichen Gehaltsverlusten der Frau einhergeht.[65] Mütter sind dadurch nicht nur stärker von Armut betroffen. Weniger Mütter in Führungspositionen bedeutet weniger Repräsentanz mütterlicher Interessen bei wichtigen Entscheidungen. Werden Mütter aktiv aus Entscheidungspositionen ausgeschlossen, sind sie auf den guten Willen anderer angewiesen. Kaum vorstellbar, dass sich damit an den Verhältnissen innerhalb des Arbeitsmarktes und in den Unternehmen in naher Zukunft etwas verändert.

Frau Spachtholz, worauf möchten Sie als Verband durch den Equal Pension Day – ergänzend zum Equal Care Day und Equal Pay Day – hinweisen?

„*Wir haben mit dem Equal Pension Day 2014 die ungleichen Renten zwischen den Geschlechtern bei eigen er-*

worbenen Ansprüchen als Erste auf die politische Agenda in Berlin gebracht. Inzwischen kommen aus unseren Nachbarländern dazu große Kampagnen. In Südtirol oder auch in der Schweiz wird das Thema intensiv diskutiert. Unser Ziel ist, mit dem Equal Pension Day jungen Menschen den Blick nach vorne zu ermöglichen, damit sie heute schon die richtigen Entscheidungen treffen in Bezug auf ihre Ausbildungs- und Berufswahl und ihre partnerschaftliche Rollenverteilung. Gleichsam appellieren wir an Politik und Wirtschaft, gewonnene Erkenntnisse, zum Beispiel aus den Gleichstellungsberichten der Bundesregierung, endlich auch umzusetzen. Es gilt Artikel 3 unserer Verfassung: „Männer und Frauen sind gleichberechtigt. Der Staat fördert die tatsächliche Durchsetzung der Gleichberechtigung von Frauen und Männern und wirkt auf die Beseitigung bestehender Nachteile hin.“ Also müssen wir an die Gesetzgebung appellieren, wenn Gesetze, Rechtsprechung und Kultur derart unterschiedlich bei den Geschlechtern ankommen.

Ich sage immer: Wir müssen Betroffene zu Beteiligten machen. Als Frauen und Mütter wissen wir, warum wir stolpern, daher haben wir meist auch Ideen, wie eine Lösung aussehen kann. Hierzu müssen wir überparteiliche Netzwerke schaffen mit flachen Hierarchien und uns fragen: Wie können wir unsere Anliegen benennen und sie wirkungsvoll kommunizieren? Männer nutzen ihre Netzwerke ganz anders als wir Frauen. Und ich erlebe auch, dass Frauen, die schon zwei Schrittchen im Männer-Machtzirkel geschafft haben, eher dort mitschwimmen, als andere Frauen mit nach oben zu ziehen. Oft verzichten sie sogar darauf, ihre

Forderungen zum Ausdruck zu bringen, und begnügen sich mit den Brotkrumen, die man(n) ihnen zuwirft, anstelle die Hälfte der Bäckerei zu fordern. Aber solange wir als Frauen das mitspielen und uns gegeneinander ausspielen lassen, ändert sich nichts.“

Auf Grundlage einer Studie des Bundesfamilienministeriums aus dem Jahr 2011 wurde der Gender Pension Gap auf den 4. August datiert. Der Rentenunterschied zwischen Frauen und Männern bei eigen erworbenen Ansprüchen betrug damals 60 Prozent. Das heißt, Frauen hatten im Vergleich zu Männern bis zum 4. August rechnerisch keine Rente erhalten. Dass Frauen bis heute noch durchschnittlich rund ein Drittel weniger Rente erhalten als Männer, zeigt, wie extrem Frauen und insbesondere Mütter strukturell benachteiligt werden. Die Lebensleistung von Müttern, die dafür gesorgt haben, dass unsere Wirtschaft neue Arbeitskräfte erhält, wird noch immer von unserem Sozialsystem unterschlagen. Daran ändert auch die sogenannte „Mütterrente“ wenig, die eine Anrechnung von maximal zweieinhalb Erziehungsjahren für Kinder vorsieht, die vor 1992 geboren sind. Mit der Gründung einer Familie halbieren Mütter ihre Erwerbsarbeitszeiten – und damit ihre Rentenansprüche – oft über viele Jahre hinweg. Für Sorgetragende braucht es Regelungen, die sich an der Realität orientieren und die gesamte Erziehungs- und Pflegezeit berücksichtigen. Auch hier heißt es wieder sichtbar werden. Die Zeiten, die wir für die Versorgung von Kindern oder auch später von Eltern brauchen, dürfen uns Müttern nicht zum Nachteil ausgelegt werden. Denn diese Zeiten sind substanzieller Bestandteil einer funktionierenden Gesellschaft.

> ⓘ Mit der **Mütterrente** soll eine bessere Anerkennung von Erziehungszeiten für Kinder, die vor 1992 geboren wurden, erreicht werden. Vor dem 1. Juli 2014 bekamen Mütter oder Väter, deren Kinder vor 1992 geboren sind, ein Erziehungsjahr pro Kind, also einen Entgeltpunkt, auf die Rente angerechnet. Eltern, deren Kinder nach 1992 geboren sind, bekommen drei Erziehungsjahre, also drei Entgeltpunkte. Als Grundlage für die Berechnung dient das durchschnittliche Bruttogehalt aller Versicherten, was im Jahr 2023 ungefähr 34 Euro Rente pro Monat entspricht.[66]

Frau Spachtholz, was braucht es, damit sich die Politik endlich bewegt?

„Ich war selbst einige Jahre lang zusätzlich parteipolitisch engagiert, da mir die überparteilichen Entscheidungsprozesse zu langsam vorangingen. Dadurch weiß ich aber auch, dass es innerhalb der Parteien vor allem darum geht, interne Mehrheiten zu gewinnen. Dabei gewinnt nicht immer das

beste Argument oder die geeignetste Persönlichkeit. Vielmehr geht es darum: Wer gehört zu welchem Kreis, wer folgt wem in der Partei? Stattdessen sollten wir vorab klären, welche Kriterien für bestimmte Funktionen und Positionen erfüllt sein müssen und ob die Bewerber:innen oder Kandidat:innen diesem Anforderungsprofil genügen. Darüber hinaus müssen sich in Regierungskoalitionen mehrere Parteien einigen – das ist ein verdammt harter Prozess. Manches Ehrenamt in der Politik ist zudem de facto mit einem recht hohen Einkommen verbunden. Das sehe ich als echtes Problem für demokratische Prozesse. Es gibt Großstädte, da verdienen Stadträt:innen über Aufwandsentschädigungen, Aufsichtsratsmandate und andere Ämter mehrere Tausend Euro pro Monat. Das ist nicht zu vergleichen mit einem Sitzungsgeld von 20 Euro für zwei Stunden im Gemeinderat, wie es in ländlichen Regionen üblich ist. Eigentlich ist das Berufspolitik, dennoch werden diese politischen Ämter als „Ehrenamt" deklariert und sozialversicherungsrechtlich entsprechend behandelt. Das ist nicht nur moralisch bedenklich, da es andererseits viele Menschen gibt, die sich tatsächlich ehrenamtlich und unbezahlt engagieren und ohne die unsere Gesellschaft gar nicht funktionieren würde. Ich denke dabei an Projekte wie die Tafel, die Menschen mit geringem Einkommen mit Lebensmitteln versorgt, oder auch an ehrenamtliche Lesekreise oder das Engagement in Vereinen.

Und nicht zuletzt fehlt mir die Diversität im Parlament. Wenn wir uns die Karrierewege der Menschen ansehen, die politisch erfolgreich sind, sind darunter wenig

Quereinsteiger:innen und auch kaum Mütter mit kleinen Kindern. Wir unterstützen zum Beispiel die Initiative #ParitätJetzt mit dem Anspruch #DiversitätMorgen. Unsere Gesellschaft bräuchte eine ganz andere „Kinder-Willkommenskultur". Das ist nicht einfach mit der Erhöhung des Kindergeldes getan, wie es jetzt in der Krisensituation geschieht und zukünftig über die Kindergrundsicherung angestrebt wird. Vielmehr geht es darum, dass wir unsere Haltung zu Familie ändern. In Deutschland sind Autos besser abgesichert als Kinder, die in Familien aufwachsen."

> ⓘ Die **Initiative #ParitätJetzt** macht auf die ungerechte Verteilung der Geschlechter innerhalb deutscher Parlamente aufmerksam. Allein im Bundestag liegt der Männeranteil trotz parteiabhängiger Frauenquoten bei 70 Prozent. Damit sind Frauen in der Politik noch immer die Ausnahme statt die Regel.
> Infos: paritaetjetzt.de

Politische Mehrheitsentscheidungen werden folglich auf Grundlage männlicher Perspektiven getroffen, obwohl Frauen die Hälfte der Bevölkerung stellen. Das ist nicht nur undemokratisch, sondern hat auch Einfluss auf die strukturelle Benachteiligung von Müttern in unserer Gesellschaft.

Du willst als Mutter aktiv werden?

- Informiere dich aktiv und präventiv, schon vor Beginn deiner Elternzeit oder vor deiner ersten Bewerbung als Mutter, über deine beruflichen Rechte und wie du diese im Zweifelsfall durchsetzen kannst. Kostenlose arbeitsrechtliche Beratung für Angestellte bieten zum Beispiel die Arbeitnehmerhilfe (www.arbeitnehmerhilfe.de), die Antidiskriminierungsstelle des Bundes (www.antidiskriminierungsstelle.de) oder auch Berufsverbände oder Gewerkschaften.
- Melde jeden Verdacht der Diskriminierung aufgrund von Schwangerschaft und Elternzeit der Antidiskriminierungsstelle des Bundes. Mache deine Erfahrungen öffentlich, zum Beispiel auf Bewertungsplattformen.

Du möchtest (andere) Mütter unterstützen?

- Zeige Solidarität mit von Diskriminierung betroffenen schwangeren und stillenden Kolleginnen.
- Werde Mitglied in Netzwerken und Verbänden, die sich an berufstätige Mütter richten, wie zum Beispiel dem Verband berufstätiger Mütter (www.vbm-online.de) oder branchenspezifischen Netzwerken, und schaffe damit eine „Gegenkultur“ zum beruflichen Networking unter Männern.
- Engagiere dich politisch in Initiativen wie #proparents oder #ParitätJetzt und/oder verbreite ihre Forderungen über deine Kontakte.

Unsere Forderungen an die Politik:

- Die Aufnahme des Diskriminierungsmerkmals „Elternschaft“ ins Allgemeine Gleichbehandlungsgesetz (AGG).
- Die Möglichkeit, Führungspositionen in Teilzeit auszuüben (Top-Sharing) sowie die Möglichkeit, in Teilzeit Karriere zu machen, zum Beispiel in kooperativen Teams (Job-Sharing).
- Eine generelle Frauenquote und damit gemischte Teams auf allen Ebenen.
- Geplante Budgets in Unternehmen, Organisationen und Verwaltungen für definierte Gleichstellungsziele und zur Förderung von Frauen und Müttern (Gender Budgeting).
- Inflationsausgleich und daraus resultierend eine Anhebung des Elterngeldes für mehr Attraktivität aktiver Elternschaft nach der Geburt auch für den besser verdienenden Elternteil.
- Anerkennung der Familienzeit als Karrierebaustein im Lebenslauf.

Die Auflistung basiert unter anderem auf Forderungen der Initiativen #proparents, #ParitätJetzt und des Bundesverbands berufstätiger Mütter e.V. Die Kontaktdaten der Initiativen findet ihr im Anhang.

„Es gibt bei uns ein natürliches Verständnis, dass meine Verantwortung als Mutter zu mir als Mitarbeiterin dazugehört."

Scarlett Faißt

3.2
Interview mit Anna Yona, Gründerin und Geschäftsführerin des Unternehmens „Wildling Shoes", und Mitarbeiterin Scarlett Faißt

Echte Chancengleichheit im Arbeitsleben erreichen wir nicht allein dadurch, dass wir Frauenanteile erhöhen und einzelne Frauen „fit" für den beruflichen Erfolg machen. Wir brauchen vielmehr Bedingungen, die es grundsätzlich allen Frauen ermöglichen, sich beruflich zu verwirklichen. Ein wichtiger Faktor ist für uns Mütter dabei zweifellos die öffentliche Betreuungsinfrastruktur. Neben dem Ausbau der Kinderbetreuung außerhalb der Familie stehen allerdings auch die Unternehmen selbst in der Pflicht, sich der Vereinbarkeit von Familie und Beruf anzunehmen. Denn das Auslagern der Betreuung ist einerseits nur bis zu einem gewissen Grad möglich. Zudem überwinden wir dadurch nicht die Zweiteilung der Sphären „Familie" und „Beruf". So lange allerdings die

Ökonomie zwischen produktiv und unproduktiv trennt, zwischen Öffentlichkeit und Privatheit und bezahlt und unbezahlt, so lange werden wir Mütter im Dilemma zwischen Kind und Karriere stecken.

Unsere Fragen:

1. **Was macht ein Unternehmen tatsächlich familienfreundlich?**
2. **Was erleichtert Mütter im Arbeitsalltag die Vereinbarkeit von Familie und Beruf?**
3. **Welche Vorteile ergeben sich aus der Familienfreundlichkeit für das Unternehmen selbst?**

Wir haben mit Unternehmerin Anna Yona und ihrer Mitarbeiterin Scarlett Faißt darüber gesprochen, wie ein Betrieb tatsächlich familienfreundlich gestalten werden kann. Anna Yona ist Gründerin eines der erfolgreichsten Startups der letzten Jahre und selbst Mutter. Mittlerweile hat das Unternehmen „Wildling Shoes", das sie als Geschäftsführerin leitet, rund 260 Mitarbeiter:innen und wurde bereits mehrfach ausgezeichnet, unter anderem im Jahr 2021 mit dem Deutschen Gründerpreis.

Anna Yona, was macht „Wildling Shoes" als Unternehmen familienfreundlich?

„Da wir in der Gründungsphase kleine Kinder hatten, standen mein Partner und ich selbst vor der Aufgabe, Beruf und Familie zu vereinbaren. Uns war schnell klar, dass hierzu

eine relativ große zeitliche und räumliche Flexibilität nötig ist. Als Mutter fand ich es zum Beispiel sehr viel einfacher, aus dem Homeoffice Familienleben und Beruf zu verbinden. Als Gründer:innen haben wir uns entschieden, diese örtliche und zeitliche Flexibilität soweit wie möglich an unser Team weiterzugeben. Natürlich gibt es Meetings, bei denen unsere Mitarbeiter:innen anwesend sein sollten, aber wir haben als Unternehmen eben kein eigenes Büro oder Headquarter, sondern arbeiten „remote", also von zuhause oder von unterwegs aus. Diese Rahmenbedingungen allein machen schon vieles möglich. Typische Situationen, die alle Eltern kennen, wie die, dass das Kind morgens nicht aus dem Haus möchte oder sich nicht wohl fühlt, sind dadurch leichter aufzufangen. Es besteht zudem großes Verständnis dafür, dass Mitarbeiter:innen neben der Arbeit noch ein Privatleben haben, in dem sie Verantwortung übernehmen. Wenn ich mir meine Arbeitszeit selbst einteilen kann, ist es nicht so wichtig, ob ich eine halbe Stunde früher oder später irgendwo bin. Aber selbst, wenn ich zu einem Meeting zu spät komme oder mein Kind dabei auf meinem Schoß sitzt, ist das in Ordnung. Seitens der Geschäftsführung oder auch der Teamleitungen besteht einfach das Verständnis dafür, was es heißt, zugleich Familie und Beruf zu managen. Beidem räumen wir Platz ein."

Sind die Rahmenbedingungen am Arbeitsplatz nicht mit einer Familie vereinbar, stoßen vor allem Mütter an gläserne Decken. Bis heute sind Unternehmen nicht gesetzlich dazu verpflichtet, familienfreundliche Bedingungen zu schaffen und Vereinbarkeit zu ermöglichen. Natürlich ist der Politik dieses Problem längst bekannt. Auf Anfrage der Antidiskriminierungsstelle des Bundes heißt es dazu: „Diskriminierungserfahrungen im Kontext von familiärer Fürsorgeverantwortung stehen in engem Zusammenhang mit den Rahmenbedingungen für die Vereinbarkeit von Beruf und Familie bzw. Pflege. [...] Neben der Politik schaffen Unternehmen die konkreten Bedingungen für die Vereinbarkeit von Familie und Beruf."[67]

Was uns dabei im Weg steht, ist die Vorstellung, Familie sei Privatsache und gehöre nicht in den Betrieb. Die Arbeit in der Familie, dem Bereich, der nach unserer herrschenden Vorstellung keinen ökonomischen Mehrwert produziert, wird bisher nicht als Teil der Ökonomie verstanden. Gleichwohl wäre unsere Gesellschaft ohne familiäre Arbeit nicht nur sozial deutlich ärmer, es würde auch schlicht keine neuen Arbeitskräfte geben – die wichtigste Ressource der Wirtschaft. Wie das Bildungssystem ist damit auch die Familie ein integrativer Teil des Arbeitsmarktes. Dennoch wird sie als solcher nicht anerkannt, sondern sogar konsequent davon abgetrennt. Wer Teilzeit arbeiten *muss*, weil er oder sie die Hälfte des Tages für die Versorgung der Familie benötigt, wird genauso behandelt, wie jemand, der Teilzeit arbeiten *will* und den Rest des Tages zur freien Verfügung hat. Ohnehin kann es sich meist nur derjenige leisten, Vollzeit zu arbeiten, der den deutlich kleineren Teil der Fürsorgearbeit innerhalb der Familie übernimmt. Inklusive aller Vorteile, nicht nur in Form von Gehalt und Sozialversicherungsbezügen, sondern vor allem auch in Bezug auf soziale Teilhabe, Mitbestimmung und Chancen. Derzeitige Regelungen, die den Mehraufwand der Mütter (und aktiven Väter) finanziell ausgleichen sowie zeitlich berücksichtigen, reichen lange nicht aus.

Die Benachteiligung von Müttern – und überhaupt Menschen, die innerhalb von Familien aktiv für andere Sorge tragen, – können wir nur abbauen, indem Unternehmen Strukturen entwickeln, die ihre Ziele mit den familiären Verpflichtungen ihrer Mitarbeiter:innen in Einklang bringen. Das heißt, die Pflege und Betreuung von Kindern oder Angehörigen muss selbstverständlicher Teil des betrieblichen Alltags werden. Es muss ein allgemeines Verständnis dafür herrschen, dass dieser Teil zum Leben und Arbeiten dazugehört. So ähnlich, wie auch Urlaubs- und Ruhestandszeiten durch die Arbeitnehmer:innen erworben werden, sind Kinder- und/ oder Pflegebetreuungszeiten in das Arbeitsverhältnis zu integrieren. Natürlich darf das nicht nur für Frauen gelten, sondern standardmäßig und bestenfalls gesetzlich verpflichtend für alle. Selbst für Menschen, die zurzeit keine Fürsorge für andere leisten, können Zeiten, in denen sie sich beispielsweise ehrenamtlich engagieren, angerechnet werden. Ist das Elternsein in Unternehmen ein selbstverständlicher Teil des Erwerbslebens und nicht mehr hinter den unsichtbaren Schleier der Privatheit gehängt, fällt automatisch der diskriminierende Charakter von Mutterschaft weg.

Räumliche und zeitliche Flexibilität der Mitarbeiter:innen – wie entsteht dennoch Verbindlichkeit?

„Es ist wichtig, dass wir innerhalb unseres Unternehmens einen Rahmen schaffen, dem sich alle zugehörig fühlen. Wir haben zum Beispiel eine klare Vision und wissen, wofür wir stehen. Es ist sehr wichtig, dass unsere Mitarbeiter:innen diese Werte mittragen und mitgestalten. Ein weiterer wichtiger Aspekt ist außerdem, die Bedürfnisse des Unternehmens, der Individuen und des jeweiligen Teams in Einklang zu bringen. [...] Wenn eine Person ständig alle Freiheiten nutzt und eine andere nicht, entsteht ein Ungleichgewicht im Team. An diesen Dingen müssen wir als stark wachsendes Unternehmen arbeiten. Auch von unseren Mitarbeiter:innen fordern wir eine gewisse Reife sowie die Reflexion ihrer Rolle im Unternehmen. Es geht darum, nicht nur die eigenen Bedürfnisse, sondern auch die der Kolleg:innen und des Unternehmens im Ganzen wahrzunehmen.“

Ein familien- und damit letztlich mitarbeiter:innen-freundliches Arbeitsumfeld bietet in Zeiten des Fachkräftemangels nicht zuletzt auch für das Unternehmen konkrete Vorteile. Firmen können es sich schlicht nicht mehr leisten, auf Vereinbarkeit zu verzichten und damit potentielle Bewerber:innen zu vergraulen. Vor dem Hintergrund, dass Frauen inzwischen im Schnitt höhere (Aus-)Bildungsabschlüsse haben als Männer, ist ihr Ausschluss aus Teilen des Arbeitsmarktes eine wahnwitzige Verschwendung wirtschaftlicher Ressourcen. Eine Analyse im Auftrag des Bundesfamilienministeriums ergab, dass 42 Prozent der knapp fünf Millionen Frauen im erwerbsfähigen Alter, die nicht am Erwerbsleben teilnehmen, als Grund die Betreuung oder Pflege von Familienmitgliedern angaben.[68] Das sind knapp 840 000 Fachkräfte, die durch fehlende Vereinbarkeit dem Arbeitsmarkt fernbleiben. Von den insgesamt 5,2 Millionen erwerbstätigen Müttern mit Kindern unter 18 Jahren arbeiten etwa die Hälfte weniger als 28 Stunden pro Woche. Könnten diese Mütter durch bessere Vereinbarkeit nur eine Stunde pro Woche mehr arbeiten, wären dies 2,5 Millionen Wochenstunden zusätzlich, was etwa 71 000 Vollzeitstellen entspräche. Damit ist die Vereinbarkeit von Familie und Beruf eine übergreifende und langfristig wichtige Strategie zur Fachkräftesicherung.

Welche Vorteile ergeben sich aus der Familienfreundlichkeit für das Unternehmen?

„Bei „Wildling Shoes“ haben wir sehr unterschiedliche Menschen als Mitarbeiter:innen und wollen als Unternehmen auch bewusst ein diverses Team. Von den Quereinsteiger:innen, die vorher etwas ganz anderes gemacht haben, bis hin zu Spezialist:innen, zum Beispiel in der Softwareentwicklung. Wir zahlen bewusst nicht die höchsten Gehälter, aber auch sehr gefragte Spezialist:innen wählen unser Unternehmen, weil sie die von uns gebotene Flexibi-

lität schätzen. Zudem können wir deutschlandweit genau die Menschen rekrutieren, die sich bewusst für unsere Arbeitsweise entscheiden. Darunter sind tatsächlich viele Menschen mit Familien. Mitarbeiter:innen wollten zum Beispiel mit ihrer Familie schon immer auf dem Land leben und können dies durch das Remote Set-Up bei uns umsetzen. Andererseits haben wir mit jüngeren Leuten, die noch keine Familie haben, hin und wieder auch die Erfahrung gemacht, dass Remote Work nicht das Richtige für sie ist, dass diese Menschen sich also eher wünschen, in ein Büro zu gehen und dort Leute zu treffen.

Ich glaube, man muss sehen, dass unsere Arbeitsweise natürlich zunächst ein Investment von Seiten des Unternehmens ist. In einer normalen wirtschaftlichen Situation habe ich aber sowohl das Geld als auch die Zeit für diese Investition. Umgekehrt bekomme ich dafür ein positiv gestimmtes und kreatives Team, das sich mit vielen Perspektiven einbringt und auch über eine gewisse Resilienz verfügt. Es entsteht zudem große Treue, ich habe wenig Fluktuation, was für die meisten Unternehmen sehr teuer ist. Und nicht zuletzt schaffe ich es, die besten Leute anzuziehen, im Sinne von: diejenigen, die am besten zu unserer Unternehmenskultur passen und ihren Beitrag dazu leisten.

Eine Unternehmenskultur mit flachen Hierarchien bringt allerdings neue Fragen mit sich: Wo ist zum Beispiel Führung dennoch wichtig um eine gewisse Effizienz herzustellen oder Informationen zu bündeln? Und was ist zu viel? Für mich als Geschäftsführerin wäre zu viel zum Beispiel, wenn ich ständig in den Arbeitsbereich meiner Mitarbeiter:innen eingreifen würde. Sobald ich Hierarchien abbaue, führt das andererseits auch zu mehr Verantwortung auf Seiten des Teams. Ich kann nicht nur sagen, ich möchte, dass wir selbständiger arbeiten. Ich muss meine Mitarbeiter:innen auch dazu befähigen. Das ist ein langer Prozess, aber je mehr Verantwortung meine Mitarbeiter:innen übernehmen, umso mehr kann ich als Führung in den Hintergrund treten.“

Trotz konkreter Vorteile einer flexiblen und familienfreundlichen Arbeitsweise orientiert sich unser Arbeitsmarkt- und Sozialsystem noch immer an der Vollzeiterwerbstätigkeit. Mütter, vor allem alleinerziehende Mütter, haben unter Bedingungen, wie sie das „normale“ Arbeitsleben in Deutschland in fast allen beruflichen Bereichen bietet, kaum eine Chance auf eine wirklich herausragende Position. In Führungsetagen bestehen nur selten Möglichkeiten der Teilzeitarbeit. In den Vor-

i **Mutterschutz für alle!** #mutterschutzfueralle ist eine Initiative, die sich für eine Erweiterung des bestehenden Mutterschutzgesetzes einsetzt. Sie fordert unter anderem für selbstständige Schwangere die Übernahme der Betriebskosten in notwendigen Fällen sowie die Versicherbarkeit hoher Betriebsausfälle. 2022 wurde ihr Antrag im zuständigen Petitions-Ausschuss des Bundestages diskutiert. www. mutterschutzfueralle.de ständen der 40 größten und liquidesten Unternehmen des deutschen Aktienmarktes (DAX-Konzerne) gibt es nicht einmal einen ausreichenden Mutterschutz, genauso wenig wie für selbständige Unternehmerinnen. Die Initiative #mutterschutzfueralle setzt sich aktuell dafür ein, dass zumindest die Lücken für schwangere Selbstständige im Mutterschutzgesetz geschlossen werden.

Das Fehlen der Mütter ist einer der Gründe, warum die Führungsgremien in Unternehmen extrem männlich besetzt sind. Nach Angaben einer Untersuchung der Albright-Stiftung lag der Frauenanteil in den 100 größten deutschen Familienunternehmen im Jahr 2020 bei nur etwa 7 Prozent.[69] Tatsächlich gab es mehr Männer mit den Vornamen Thomas und Michael in den Geschäftsführungen als Frauen insgesamt. Selbst in großen Geschäftsführungsteams mit mehr als fünf Personen fehlten Frauen teilweise komplett. Dabei ermöglichen Frauen in Unternehmensführungen nicht nur weibliche Perspektiven auf den Führungsstil, sondern bestimmen auch mit, wer eingestellt wird und wie das Unternehmen zusammengesetzt ist. Weibliche Geschäftsführungen stellen mehr Frauen für das Management ein, die wiederum eine wichtige Rolle für das Bild des Unternehmens in der Öffentlichkeit spielen. In vielen Fällen erweisen sich Frauen zudem als die besseren Führungskräfte. Die Auswertung tausender sogenannter 360-Grad Beurteilungen der 600 größten europäischen Unternehmen von 2019 ergab, dass in 17 von 19 Leadership-Kompetenzen Frauen besser abschneiden als Männer.[70]

Scarlett Faißt, was bedeuten familienfreundliche Strukturen für dich als Mitarbeiterin?

„Für mich als Mitarbeiterin macht es viel aus, ob ich mich bei einem Unternehmen auch persönlich wohl fühle. In meinem Team hatte ich auf jeden Fall den Eindruck, dass viele meiner Kolleg:innen dadurch bereit waren, sich noch extra einzubringen. Natürlich muss man das auch mit Vorsicht genießen, denn Mitarbeiter:innen können sich dadurch leicht überfordern. Zudem kann ein Ungleichgewicht entstehen, wenn sich manche verausgaben und andere relativ wenig tun. Aber ich würde schon sagen, dass es insgesamt sehr motivierend ist, wenn man sich in einem Unternehmen persönlich zeigen und einbringen kann.

Als Mutter, wenn mein Kind krank ist, gibt es bei uns im Unternehmen zwei Optionen: Entweder sage ich, okay ich kann dennoch arbeiten. Mein Kind ist zwar krank, aber schläft vielleicht und es ist mir möglich, trotzdem von zuhause aus zu arbeiten. Das ginge natürlich nicht, wenn ich ins Büro müsste. Aber wenn das Kind wirklich so krank ist, dass es Betreuung braucht, kann ich das bei „Wildling Shoes" auch sagen, ohne dass jemand die Augen verdreht und es als störend wahrnimmt. Es gibt ein völlig natürliches Verständnis, dass meine Verantwortung als Mutter zu mir als Mitarbeiterin einfach dazugehört."

Echte Vereinbarkeit bedeutet, Sorgearbeit näher an das Unternehmen heranzurücken. Das kann über die firmeninterne Krippe geschehen oder auch dadurch, dass das Kind im Zweifel mit an den Arbeitsplatz gebracht werden kann, wenn die Betreuung nicht anderweitig möglich ist. Es gilt, Sorgearbeit im Beruf sichtbar zu machen und in die Öffentlichkeit zu tragen, sie nicht länger vom Arbeitsmarkt auszuschließen, sondern darin institutionell zu verankern. Flexible Arbeitszeiten und -orte, die Möglichkeit, Wochenarbeitsstunden zu reduzieren und selbstverständlich Auszeiten in das Berufsleben zu integrieren, kommen darüber hinaus auch kinderlosen Arbeitnehmer:innen zugute.

Anna Yona, ist Familienfreundlichkeit für alle Unternehmen möglich?

„Es gibt natürlich Branchen, in denen ein Homeoffice- oder Remote Set-Up nicht sinnvoll ist. Aber den New Work-Gedanken, der Selbstbestimmtheit, flache Hierarchien und mehr Flexibilität und Eigenverantwortung umfasst, empfinde ich auf jeden Fall als sinnvoll. Also einen Arbeitsplatz zu schaffen, an dem ich als Mensch, so wie ich bin, willkommen bin. Ich sollte als Mitarbeiter:in keine Rolle spielen müssen und zum Beispiel meine Verantwortung in der Familie im Büro ausblenden müssen, damit ich dort anerkannt werde. […] Ich glaube sogar, dass es eher umgekehrt ist: Wenn ich auf diese Dinge als Arbeitgeber keinen Wert lege, werde ich es auf Dauer nicht schaffen, mein Team gut aufzustellen. Die Menschen, die eine wertschätzende Arbeitsweise schon kennengelernt haben, werden sie mit Sicherheit einfordern

und diejenigen, die sie noch nicht kennen, werden an anderer Stelle davon erfahren.

Zudem glaube ich, dass sich der Stellenwert von Arbeit insgesamt verändert: Die Erwerbstätigkeit wird eine immer weniger zentrale Rolle in unserem Leben spielen. Wir müssen endlich Platz schaffen für neue Lebensmodelle, zum Beispiel, dass 30 Stunden Arbeitszeit pro Woche ausreichend sind und man auch aus unternehmerischer Sicht lernt, damit umzugehen. Hierzu gehört auch, neue Möglichkeiten der Effizienz zu schaffen. Natürlich wird umso mehr Abstimmung notwendig, je mehr Menschen in einem Unternehmen zusammenarbeiten. Insofern gibt es natürlich eine gewisse Relation zwischen Arbeitsstunden/ Input und Output. Ich glaube allerdings, dass Automatisierungen und digitale Lösungen helfen, repetitive Dinge auszulagern. [...] Außerdem glaube ich, dass eine sinnhafte Arbeit wichtig ist und dass Menschen sich innerhalb des Unternehmens nach ihren Stärken entwickeln können. Arbeit darf und muss Spaß machen. Die Annahme, nur harte Arbeit sei richtige Arbeit, ist meiner Meinung nach Quatsch. Was ich beruflich tue, muss Spaß machen und das tut es, wenn ich das machen kann, was mir leicht von der Hand geht. Und für all das ist gegenseitiges Vertrauen sehr wichtig. Auch wechselseitige Verantwortungsübernahme. “

Familienfreundliches Arbeiten wird von zahlreichen Unternehmen bundesweit bereits umgesetzt. Neue Formen der Arbeit, inklusive flexibler Arbeitszeitmodelle und einer Orientierung an den Bedürfnissen der Mitarbeiter:innen, sind keine Utopie. Bedingung dafür ist jedoch die Bereitschaft der Unternehmensführung zu echter Veränderung der Struktur und Kultur des Unternehmens. Dazu braucht es einen Wertewandel hin zu einer ganzheitlicheren Sicht auf Wirtschaftlichkeit. Nicht zuletzt bieten familienfreundliche Arbeitsformen durch höhere Arbeitszufriedenheit und geringere Fluktuation der Arbeitnehmer:innen für Unternehmen konkrete Vorteile.

Du willst als Mutter aktiv werden?

- Informiere dich vor deinem beruflichen (Wieder-) Einstieg über die Familienfreundlichkeit deines zukünftigen Arbeitgebers, zum Beispiel über das Qualitätssiegel „Familienfreundlicher Arbeitgeber" der Bertelsmann-Stiftung: www.familienfreundlicher-arbeitgeber.de oder die Portale www.berufundfamilie.de, www.ausgezeichnet-familienfreundlich.de oder www.erfolgsfaktor-familie.de. Deine Arbeitskraft ist wertvoll – wähle klug, wem du sie zu Verfügung stellst!
- Zögere umgekehrt nicht, Hilfe zu suchen, falls du Diskriminierung aufgrund deiner Elternschaft erfährst. Rechtliche Beratung bietet die Arbeitnehmerhilfe www.arbeitnehmerhilfe.de oder auch die Antidiskriminierungsstelle des Bundes www.antidiskriminierungsstelle.de.

- Unterstütze die Initiative #mutterschutzfueralle, die den gesetzlichen Mutterschutz für Selbstständige anstrebt (www.mutterschutzfueralle.de).

Du möchtest (andere) Mütter unterstützen?

- Nutze Mentoring-Programme und Netzwerke nicht nur, um selbst davon zu profitieren, sondern unterstütze andere Mütter mit deiner Expertise und deinen beruflichen Verbindungen. Solidarität zahlt sich aus – für alle Beteiligten.
- Mache familienfreundliche Arbeitsbedingungen deines Arbeitgebers publik, z.B. über Bewertungsportale großer Online-Stellenbörsen.
- Sprich mit der zuständigen Gleichstellungsbeauftragten, wenn du von Diskriminierung aufgrund familiärer Betreuungs- und Pflegearbeit erfährst.

Unsere Forderungen an die Politik:

- Die Schaffung eines gesetzlichen Rahmens für familienfreundliche Arbeitnehmer:innen- und Unternehmensstrukturen (zum Beispiel ein Recht auf Homeoffice und flexible Arbeitszeiten, Förderung betriebsinterner Kinderbetreuung und Erhöhung der Kinderkranktage).
- Entlohnung und Anerkennung von Ergebnissen, nicht nach Anwesenheit am Arbeitsplatz (Effizienz statt Präsenz).

- Eine Ausweitung des Mutterschutzgesetzes auf Selbstständige und Vorstände.
- Eine stärkere Kontrolle der Einhaltung des bestehenden Mutterschutzgesetzes.

Diese Auflistung basiert unter anderem auf Forderungen des DGB Frauen und des Verbands berufstätiger Mütter e.V. Die Kontaktdaten der Initiativen findet ihr im Anhang.

4

Status und Rente

Wie wir nicht in Armut rutschen

„Nur Reiche können sich einen armen Staat leisten. Familien und ihre Bedürfnisse müssen stärker in den öffentlichen Fokus rücken."

Anja Weusthoff

4.1 Interview mit Anja Weusthoff und Silke Raab, Vorsitzende des Deutschen Gewerkschaftsbund (DGB) Frauen

Die Benachteiligungen, die wir Mütter im Erwerbsleben erleben, wirken sich natürlich auch auf unsere finanzielle Situation aus. Wir möchten in diesem Kapitel genau hinschauen, was die Gründe für weibliche Armut sind und warum sie gerade Mütter besonders trifft. Tatsächlich ist die sozial-ökonomische Lücke zwischen Männern und Frauen in Deutschland im europaweiten Vergleich besonders groß. Gemessen allein am Gender Pay Gap wird die Lücke zwischen den Geschlechtern in der Öffentlichkeit sogar extrem unterschätzt. Tatsächlich sind die wenigsten Mütter in der Lage, ihre Existenz und die ihrer Kinder eigenständig zu sichern. Das macht sie finanziell entweder vom Staat oder einem Mann abhängig. Nach einer Trennung ist spätestens im Alter Armut für Mütter die Folge.

Aktuell richtet sich das DGB-Projekt „Was verdient die Frau? Wirtschaftliche Unabhängigkeit!“[71] insbesondere an junge Frauen, um sie bereits vor der Gründung einer Familie über die Risiken aufzuklären, die damit in Bezug auf ihre finanzielle und soziale Absicherung verbunden sind. Wir haben mit Anja Weusthoff, Leiterin der Abteilung Frauen-, Gleichstellungs- und Familienpolitik beim DGB-Bundesvorstand, und Silke Raab, Referatsleiterin beim DGB-Bundesvorstand, darüber gesprochen.

Wir wollen wissen:

1. **Worin unterscheiden sich Männer und Frauen in Bezug auf Berufstätigkeit und Einkommen?**
2. **Welche Faktoren hindern Frauen – und insbesondere Mütter – noch immer an der eigenständigen Existenzsicherung?**
3. **Was muss politisch geschehen, um Armut von Müttern und Kindern zu verhindern?**

Klar ist, dass es nicht den einen Grund für die schlechtere ökonomische Position von Frauen gibt, sondern dass hierfür ein Zusammenspiel aus verschiedenen Faktoren verantwortlich ist. Viele dieser Faktoren für Armut haben strukturelle Ursachen, die Risiken tragen wir Mütter jedoch allein. Im Zweifelsfall müssen wir unsere Rechte einzeln durchsetzen. Ein Kampf, den nicht jede Mutter führen kann. Der DGB Frauen fordert deshalb kollektive arbeitsrechtliche Vereinbarungen auf betrieblicher Ebene, die für alle gelten. Zudem brauche es politische statt individueller Lösungen.

Frau Weusthoff, worin unterscheiden sich Männer und Frauen in Bezug auf ihre Berufstätigkeit?

„Männer und Frauen haben schlicht unterschiedliche Lebenswirklichkeiten. Das beginnt beim sogenannten Gender Care Gap, das heißt, Frauen übernehmen im Durchschnitt rund 90 Minuten mehr familiäre Sorgearbeit am Tag als Männer. Anschaulich gesagt, entspricht das der Länge eines Fußballspiels. Diese Zeit fehlt ihnen bei der Erwerbsarbeit. So ergibt sich aus dieser Sorgelücke im Zusammenspiel mit anderen Faktoren eine Arbeitszeitlücke – aktuell im Schnitt acht Stunden pro Woche – die wiederum zur Entgeltlücke führt. Zu diesen Faktoren gehört, dass ein überwiegender Teil der Frauen nach der Geburt ihres Kindes in Teilzeit wieder in den Beruf einsteigt, die meisten Väter aber weiter in Vollzeit arbeiten, und auch, dass Frauen aus familiären Gründen oft für mehrere Jahre ihre Arbeitszeit reduzieren oder beruflich pausieren. Aus all diesen Gründen verdienen Frauen im Durchschnitt noch immer rund 18 Prozent weniger als Männer und sind dadurch auch stärker von Altersarmut bedroht. Frauen erhalten aktuell im Schnitt mehr als ein Drittel weniger Rente aus eigener Erwerbsarbeit als Männer. Diese Unterschiede zwischen Männern und Frauen

entwickeln sich im Grunde schon mit der Schwangerschaft, weil die Umsetzung der rechtlichen Regelungen zum Mutterschutz in Betrieben und in den Dienststellen der öffentlichen Verwaltung den Frauen die Vereinbarkeit von Familie und Erwerbstätigkeit erschwert. Und sie setzen sich fort im deutschen Steuerrecht, das durch das Ehegattensplitting und die steuerliche Begünstigung von Minijobs noch immer das Familienernährermodell fördert. Hinzu kommt nach der Geburt des Kindes das Problem fehlender Kinderbetreuung, weil die Betreuungsinfrastruktur von den Kitas bis zu den Ganztagsschulen trotz des Ausbaus der vergangenen Jahre weder quantitativ noch qualitativ dem tatsächlichen Bedarf genügt.“

Wer kennt sie nicht: Die ewigen Konflikte innerhalb der Beziehung über die Verteilung der Betreuungs- und Hausarbeit. Das Gefühl, deutlich mehr zu übernehmen als der Partner, täuscht uns Mütter nicht. In Deutschland lebende Frauen wendeten bereits vor der Pandemie über 50 Prozent mehr Zeit für unbezahlte Sorgearbeit auf als Männer.[72] Laut Gutachten des zweiten Gleichstellungsberichts der Bundesregierung leisten Männer pro Tag im Schnitt zwei Stunden und 46 Minuten unbezahlte Sorgearbeit, bei Frauen sind es vier Stunden und 13 Minuten. Neuere Berechnungen des Deutschen Instituts für Wirtschaftsforschung in Berlin (DIW Berlin) zeigen, dass der Gender Care Gap im mittleren Alter mit dem doppelten Zeitaufwand von Frauen seinen Höhepunkt erreicht.[73] Was wir als Mütter oft nicht bedenken, ist, dass uns aus diesem rund 90-minütigen Unterschied massive wirtschaftliche Nachteile entstehen. Doch auch hier liegen die Gründe tiefer in unseren Strukturen, als es auf den ersten Blick scheint. Dieses (Armuts-) System ist kein speziell deutsches und erst recht kein individuelles Problem, sondern betrifft Frauen auf der ganzen Welt.

Die Hilfsorganisation Oxfam hat 2020 berechnet, dass Frauen und Mädchen weltweit täglich 12,5 Milliarden Stunden unbezahlte Pflege-, Fürsorge- und Hausarbeit leisten.[74] Während Männer für etwa 80 Prozent ihrer Arbeitszeit bezahlt werden, sind es bei Frauen nur etwa 41 Prozent. Zudem verdienen Frauen weltweit durchschnittlich 23 Prozent weniger als Männer und sie müssen überall häufiger schlecht bezahlte Arbeiten verrichten. Frauen sind deutlich schlechter sozial abgesichert und haben seltener Anspruch auf eine Rente – fast 65 Prozent aller Menschen, die im Rentenalter keine Bezüge bekommen, sind Frauen. Das alles führt dazu, dass Männer weltweit über 50 Prozent mehr Vermögen besitzen als Frauen. Dieses Verhältnis spiegelt das extreme Machtungleichgewicht zwischen den Geschlechtern wider, das global noch immer existiert. Würde die Arbeit der Frauen dagegen bezahlt werden, so käme man laut Oxfam auf einen Wert von jährlich über 10 Billionen US-Dollar und damit das Dreifache des weltweiten Umsatzes im IT-Sektor.[75]

Was hindert Frauen – und insbesondere Mütter – auch heute noch an ihrer eigenständigen Existenzsicherung?

„Zuerst einmal muss man sagen, dass die Erwerbstätigenquote von Frauen in den letzten zwanzig Jahren deutlich gestiegen ist. Der Unterschied zwischen Männern und Frauen beträgt aktuell nur noch etwa 10 Prozentpunkte. Was sich jedoch nach wie vor unterscheidet, ist das Arbeitszeitvolumen. Der weit überwiegende Teil der Frauen arbeitet in Teilzeit, oft auch in Minijobs oder prekären Beschäftigungsverhältnissen. Dadurch haben Frauen im Durchschnitt auch heute noch ein deutlich geringeres Einkommen. Zudem arbeiten sie häufig in den sogenannten frauendominierten Berufen, also im Dienstleistungssektor, im sozialen Bereich oder im Einzelhandel – Arbeitsfelder, die ohnehin schlechter bezahlt sind.

Hinzu kommt mit Blick auf Aufstiegschancen und die Übernahme verantwortungsvoller Aufgaben in Unternehmen, dass Beschäftigte in Teilzeit noch immer anderes wahrgenommen werden als Mitarbeiter:innen, die in Vollzeit beschäftigt sind. Es gibt in Deutschland trotz einiger Veränderungen – nicht zuletzt in den letzten zwei Jahren der Pandemie – nach wie vor eine starke Präsenzkultur. Arbeit im Homeoffice oder flexible Arbeitszeitmodelle sind noch längst nicht überall etabliert, wo sie möglich wären. Dazu kommt, dass Arbeit in der professionellen Pflege oder im Einzelhandel, wo überwiegend Frauen beschäftigt sind, sich auch nicht einfach in die eigenen vier Wände verlegen lässt und oft im Schichtbetrieb geleistet werden muss. Als Interessenvertretung fordert der Deutsche Gewerkschaftsbund daher seit langem, in Unternehmen die Bedarfe der Mitarbeiter:innen zu erheben und auf betrieblicher Ebene kollektive Regelungen zu vereinbaren. Aktuell stehen Frauen nämlich vor dem Dilemma, bestimmte, qua Gesetz definierte Rechtsansprüche, wie zum Beispiel das Recht auf Verringerung der Arbeitszeit bei Rückkehr aus der Elternzeit, auf individueller Ebene durchsetzen zu müssen. Stellt sich der Arbeitgeber quer, fehlen ihnen oft sowohl die zeitlichen als auch die finanziellen Mittel, um ihre Rechte auf juristischem Weg zu erkämpfen. Daher brauchen wir kollektive Vereinbarungen auf betrieblicher Ebene. Nicht umsonst fordert der Deutsche Juristinnenbund ein Wahlarbeitszeitgesetz, das neben der Erhebung der Bedarfe der Beschäftigten die

Wahlarbeitszeitgesetz: Das Wahlarbeitszeitgesetz als politisches Konzept stellt das Bedürfnis nach selbstbestimmter(er) Zeitverwendung im Arbeitsleben in den Vordergrund und will dieses im Arbeitsrecht verankern. Damit soll eine wichtige rechtliche Voraussetzung für eine selbstbestimmte und chancengleiche Erwerbsbiographie verwirklicht werden. Weitere Infos zum Konzept der Wahlarbeitszeit auf der Seite des Deutschen Juristinnenbundes: www.djb.de/wahlarbeitszeit

beteiligungsorientierte Entwicklung passender betrieblicher Arbeitszeitkonzepte vorsieht. So könnte unter Berücksichtigung tarifvertraglicher Regelungen und bestehender Mitbestimmungsstrukturen ein Interessenausgleich herbeigeführt werden, dessen Regelungen in Form von Betriebsvereinbarungen für alle Beschäftigten gelten würden."

Schauen wir uns die Hauptfaktoren für den Gender Pay Gap genauer an, können wir feststellen, dass er zu einem großen Teil auf Mutterschaft zurückzuführen ist. Expert:innen sprechen daher von einem Motherhood Pay Gap.[76] Das Wirtschafts- und Sozialwissenschaftliche Institut (WSI) der Hans-Böckler-Stiftung nannte als Gründe für die mutterschaftsbedingten Lohneinbußen einerseits die schlechtere Verhandlungsposition durch längere Auszeiten zwecks Kinderbetreuung und aufgrund des beruflichen Stigmas, das mit Mutterschaft einhergeht. Zum anderen die Doppelbelastung durch Beruf und Familie, die die Produktivität von Müttern schwächen kann. „Die mutterschaftsbedingte Lohneinbuße ist vor allem dann beachtlich, wenn traditionelle Geschlechterbilder in der Gesellschaft vorherrschen und von Müttern erwartet wird, in erster Linie für die Familie da zu sein. Denn diese Erwartung verletzt gleichzeitig die ideale Vorstellung von Arbeitskräften, die den Beruf vor alles andere stellen, und führt daher zu Karrierenachteilen".[77] Als erwerbstätige Mütter werden wir also mit zwei einander ausschließenden Idealen konfrontiert: Wir sollen möglichst umfassend für unsere Familie da sein und zugleich im Beruf uneingeschränkt zu Verfügung stehen. Das Perfide daran: Viele von uns haben diese Vorstellung derart verinnerlicht, dass wir Diskriminierung am Arbeitsmarkt selbst als gerechtfertigt ansehen. Das klassische Gefühl des schlechten Gewissens, als berufstätige Mutter weder Arbeitgeber:innen noch Kindern wirklich gerecht zu werden, ist also kein individuelles Problem – sondern strukturell bedingt.

Frau Raab, welche Möglichkeiten haben Frauen zur eigenständigen Existenzsicherung, wenn sie bereits Kinder haben?

„Auf individueller und partnerschaftlicher Ebene geht es um die Umverteilung von Erwerbs- und Sorgearbeit. Frauen sollten aktiv einfordern, dass nach der Geburt des Kindes der Partner seinen Teil der Sorgearbeit übernimmt. Am besten treffen Paare schon vor der Geburt entsprechende Vereinbarungen. Voraussetzung ist, dass für Mütter und Väter die strukturellen Rahmenbedingungen gegeben sein müssen, um Beruf und Familie vereinbaren zu können. Hierzu gehört eine bedarfsdeckende Kinderbetreuung, also neben dem Rechtsanspruch auf einen Kitaplatz ab dem ersten Lebensjahr des Kindes der qualitative und quantitative Ausbau der Kinderbetreuung. Eltern müssen sicher sein können, dass ihr Kind, während sie ihrer Erwerbstätigkeit nachgehen, verlässlich und von ausgebildeten Fachkräften kindgerecht betreut und gefördert wird. Genau hier bestehen aufgrund

des massiven Fachkräftemangels große Schwierigkeiten. Und natürlich endet der Betreuungsbedarf nicht mit dem Ende der Kindergartenzeit. Als DGB fordern wir seit Jahren gebundene Ganztagsschulen. Und nicht zuletzt ist in unserer Gesellschaft ein Bewusstseinswandel nötig: Noch immer wird in der Regel die Mutter und nicht der Vater als verantwortlich für Aufgaben innerhalb der Familie wahrgenommen und wie selbstverständlich von Kita oder Schule informiert, wenn das Kind krank ist. Das muss sich dringend ändern.“

Gebundene und offene Ganztagsschulen: Als gebundene Ganztagsschule in „voll gebundener Form“ wird eine Schule bezeichnet, in der alle Schüler:innen verpflichtet sind, an mindestens drei Wochentagen für jeweils mindestens sieben Zeitstunden an den ganztägigen Angeboten der Schule teilzunehmen. Im Gegensatz dazu orientiert sich die offene Ganztagsschule überwiegend an der klassischen Unterrichtsstruktur der Halbtagsschule und bietet nach dem Unterricht ein zusätzliches, freiwilliges Nachmittagsprogramm.[78]

Berechnungen einer aktuellen Studie des Deutschen Instituts für Wirtschaftsforschung (DIW) im Auftrag der Bertelsmann-Stiftung zeigen, dass heute 30-jährige Mütter im Laufe ihres Lebens im Schnitt nur rund

580 000 Euro verdienen können, während kinderlose Frauen im selben Alter heute auf rund 1,3 Millionen Euro kämen.[79] Auf diese Weise verlieren Frauen auf das gesamte Erwerbsleben gerechnet mehr als die Hälfte ihres Einkommens, allein weil sie Mütter werden. Im Vergleich zu den Vätern ist die Diskrepanz im Lebenseinkommen noch stärker. Mütter, die heute 35 Jahre alt sind, erwarten ein durchschnittliches Lebenseinkommen, das je nach Region bis zu 62 Prozent unter dem Einkommen von Männern liegt. Der sogenannte Lifetime Earnings Gap ist umso größer, je mehr Kinder eine Frau hat. Die Studie mit Blick auf das gesamte Erwerbsleben zeigt, dass der Gender Pay Gap die tatsächliche Einkommenslücke zwischen Männern und Frauen stark unterschätzt. Das wahre Ausmaß der Ungleichheit im Erwerbseinkommen ist der breiten Öffentlichkeit gar nicht bewusst.

i **Gender Lifetime Earnings Gap**: Das Lebenserwerbseinkommen bezeichnet das komplette Einkommen einer Person innerhalb von mindestens 30 Jahren Erwerbstätigkeit. Die betragsmäßige Lücke zwischen Frauen und Männern beim Lebenserwerbseinkommen wird als Gender Lifetime Earnings Gap bezeichnet.[80]

Frau Weusthoff, warum sind frauendominierte Berufe oft schlechter bezahlt als männerdominierte und warum ändert sich daran nur so schleppend etwas?

„Im Grunde fehlt es an politischen Mehrheiten für die Interessen von Frauen. Während Arbeitgeber:innen und Unternehmen oft gut darin sind, Mehrheiten für ihre Interessen zu organisieren und politische Lobbyarbeit zu machen, fällt das Eltern und pflegenden Angehörigen, allein aufgrund ihrer zeitlichen Belastung erheblich schwerer. Zudem fehlen bis heute valide Zahlen, wie viele Eltern – und gerade auch Mütter – nach Mutterschutz und Elternzeit Benachteiligung erfahren. Berufliche Diskriminierung aufgrund von Elternschaft wird statistisch nicht erfasst und bleibt in vielen Fällen unsichtbar. Darüber hinaus müssen Rechtsansprüche individuell geltend gemacht werden. Nicht umsonst fordert der DGB seit langem ein Verbandsklagerecht, um das Einfordern verbriefter Rechte auf juristischem Weg nicht dem oder der Einzelnen zu überlassen.

Hinzu kommt, dass Frauen oft in kleineren Betrieben mit wenigen Mitarbeiter:innen oder in Minijobs arbeiten und somit auch gewerkschaftlich nicht so leicht erreichbar sind. Und nicht zuletzt engagieren sich Frauen, unter anderem aufgrund ihrer familiären Verpflichtungen, auch seltener politisch und können damit auch auf politischer Ebene ihre Interessen nicht so wirksam vertreten. In Pflegeberufen oder im sozialen Bereich herrscht unter Mitarbeiter:innen außerdem oft eine hohe intrinsische Motivation und dadurch die

Tendenz, trotz schlechter Rahmenbedingungen sich selbstlos und mit voller Überzeugung persönlich für andere einzusetzen. Im Fall von Streiks erhalten Aktionen im Bereich Bildung oder Pflege zum Teil bundesweit weniger mediale Aufmerksamkeit, weil sie auf Landes- und nicht auf Bundesebene stattfinden. Und natürlich sind Arbeitsniederlegungen über längere Zeit auch schlechter durchzuhalten, da unter den Streikenden häufig das Gefühl entsteht, die ihnen anvertrauten Menschen oder auch Kolleg:innen durch ihre Abwesenheit am Arbeitsplatz während des Protests im Stich zu lassen. All diese Faktoren führen dazu, dass die Belange von Familien – insbesondere Müttern – in unserer Gesellschaft noch immer wenig Gehör finden.“

Ungeachtet des extremen Fachkräftemangels in Berufen der Pflege, Erziehung und Bildung und ihrer Bedeutung für die Gesellschaft sind Entscheidungsträger:innen aus Politik, Wissenschaft, Wirtschaft und Medienwelt nach wir vor vom Primat der Industrie beseelt. Das zeigte sich nicht zuletzt am mangelnden Interesse eines wochenlangen Streiks des Pflegepersonals in NRW im Jahr 2022 für bessere Arbeitsbedingungen in den Kliniken. Überregional wurde kaum darüber berichtet. Dagegen werden wir über Arbeitskämpfe in der Industrie, beispielsweise der IG-Metall, stets auf den aktuellen Stand gebracht, obwohl dieser Tarifstreit zunächst nur die Belegschaft selbst betrifft. Streiks von Lokführer:innen oder Pilot:innen, von denen hingegen auch Menschen außerhalb der Branche betroffen sind, gehören in der Regel zu den Topmeldungen. Dass uns die Infrastruktur für Arbeit und Urlaub eine Meldung wert ist, die für unsere Gesundheit aber nicht, sagt viel über unsere Prioritäten aus. Dabei zeigte doch die Erfahrung der Pandemie, dass zur Not alles heruntergefahren werden kann, nur nicht die Arbeit, die mit der unmittelbaren Sorge für das tägliche Leben zu tun hat: die Gesundheitsversorgung, die Betreuung von Kindern und hilfebedürftigen Menschen oder die Sorge für die täglichen Nahrungsmittel und Hygiene.

Schließlich wirkt sich die Kluft im Lebenseinkommen zwischen Männern und Frauen natürlich auch auf die Rentenansprüche aus, die sich beinahe ausschließlich aus Erwerbsarbeitszeiten und der Einkommenshöhe

> i Die **Organisation für wirtschaftliche Zusammenarbeit und Entwicklung (OECD)** ist eine internationale Organisation mit 38 Mitgliedstaaten. Die meisten Mitglieder gehören zu den Ländern mit hohem Pro-Kopf-Einkommen. Sitz der Organisation ist Paris. Die OECD wurde 1961 zum Wiederaufbau Europas gegründet. Heute versteht sich die OECD als Forum, in dem Regierungen ihre Erfahrungen austauschen und Lösungen für gemeinsame Probleme erarbeiten. Häufig werden im Rahmen der OECD Standards und Richtlinien erarbeitet, gelegentlich auch rechtlich verbindliche Verträge.

zusammensetzen. Die Rentenlücke zwischen Männern und Frauen wird als Gender Pension Gap bezeichnet. In Deutschland lag der Gender Pension Gap laut einer Statistik der Organisation für Wirtschaftliche Zusammenarbeit und Entwicklung (OECD) im Jahr 2016 bei 46 Prozent. Das bedeutet, Frauen hatten ein um fast die Hälfte geringeres Alterseinkommen als Männer. Im Vergleich mit 26 OECD-Ländern lag die durchschnittliche Rentenlücke übrigens bei 25 Prozent, mit Deutschland als negativem Spitzenreiter.[81]

Laut aktuellen Zahlen des Wirtschafts- und Sozialwissenschaftlichen Instituts (WSI) erhielten Frauen im Jahr 2021 in Deutschland eine durchschnittliche Rente von 807 Euro monatlich. Männer kamen dagegen auf eine durchschnittliche Rente von 1.227 Euro. Damit ist die Rentenlücke zwischen Frauen und Männern rund fünf Jahre später zwar deutlich geschrumpft, liegt aber noch bei etwa 34 Prozent und damit weit über dem Durchschnitt der OECD-Länder.[82] Allerdings werden in die Rentenbezüge auch Hinterbliebenenrenten mit einberechnet. Ohne sie liegt die Rentenlücke heute noch bei knapp 43 Prozent.[83] Mütter haben demnach im Alter ein hohes Risiko, in Armut zu rutschen. Gleichzeitig steigt aktuell die Armutsquote im Alter insgesamt. Der Paritätische Wohlfahrtsverband errechnete, dass die sozialen Folgen der Corona-Pandemie die Altersarmutsquote von 16,3 Prozent im Jahr 2020 sprunghaft auf 17,4 Prozent ansteigen ließen. Auch hier zeigt die Statistik bei älteren Personen ab 65 Jahren wieder eine besonders hohe Diskrepanz zwischen den Geschlechtern. Betrug die Armutsquote bei Frauen dieser Altersgruppe rund 19 Prozent, waren es bei den Männern unterdurchschnittliche 15 Prozent.[84]

Frau Weusthoff, was fordert der DGB Frauen, um Armut von Frauen und Kindern in Deutschland zu verhindern?

„*Der DGB hat einen konkreten Vorschlag für eine Kindergrundsicherung erarbeitet. Damit würden alle Kinder und Jugendlichen aus der Grundsicherung herausgenommen, Kinderarmut würde wirksam bekämpft. Wenn der Vorschlag des Deutschen Gewerkschaftsbundes umgesetzt würde, hätten Familien mit kleinen und mittleren Einkommen deutlich mehr Geld in der Haushaltskasse als bisher. Über 200.000 Haushalte könnten aufgrund der von uns vorgeschlagenen Kindergrundsicherung sogar komplett den Grundsicherungsbezug überwinden. In diesen Haushalten leben 710.000 Kinder. Nach unserem Konzept würde die Anrechnung von Elterneinkommen erst einsetzen, wenn der Bedarf der Eltern bzw. eines alleinerziehenden Elternteils durch eigenes Einkommen gedeckt ist. Die Aufnahme oder Ausweitung einer Erwerbstätigkeit würde zu spürbaren Einkommenszuwächsen führen. Unser Ziel ist es, Geringverdienende und Einelternfamilien zu unterstützen und die soziale Teilhabe von Kindern zu ermöglichen. Dabei ist die Erwerbstätigkeit beider Elternteile die wirksamste Prävention zur Vermeidung wirtschaftlicher Notlagen, insbesondere für den gar nicht so unwahrscheinlichen Fall, dass sich die Familienkonstellation im Lauf des Lebens einmal ändert.*

Der Deutsche Gewerkschaftsbund fordert darüber hinaus den weiteren Ausbau einer quantitativ und qualitativ hochwertigen Kinderbetreuung. Außerdem ist die Umverteilung von Sorge- und Erwerbsarbeit zwischen Männern und Frauen innerhalb der Paarbeziehung unumgänglich. Vereinbarkeit von Familie und Beruf darf kein Frauen- oder speziell Mütterproblem bleiben. Aus diesem Grund fordert der DGB unter anderem eine Änderung des Steuerrechts, damit sich Erwerbsarbeit auch für Frauen lohnt. Konkret heißt das: Abschaffung des Ehegattensplittings und die soziale Absicherung von Erwerbstätigkeit ab der ersten Arbeitsstunde und damit keine steuerfreien Minijobs mehr. Beides sind Fehlanreize, die Frauen aus dem – gut bezahlten – Arbeitsmarkt drängen. Außerdem fordern wir als Deutscher Gewerkschaftsbund insgesamt eine gut ausgestaltete Daseinsvorsorge, also dass mehr Gelder in kommunale Einrichtungen und in die Ausstattung öffentlicher Infrastruktur fließen. Beides kommt insbesondere Frauen und Kindern zugute, die diese Infrastruktur im Alltag überwiegend nutzen. Als DGB sagen wir: Nur Reiche können sich einen armen Staat leisten. Familien und ihre Bedürfnisse müssen stärker in den öffentlichen Fokus rücken.“

Die Forderungen des DGB Frauen zielen damit auf eine Gesellschaft ab, die Fürsorgearbeit als Grundlage gesellschaftlichen Lebens, aber auch als wichtigen Bestandteil des ökonomischen Systems versteht. Dass dies noch längst nicht selbstverständlich ist, zeigt die wirtschaftliche Situation von Müttern deutlich.

Du willst als Mutter aktiv werden?

- Setze dich aktiv mit dem Thema Altersvorsorge auseinander und wie du dich finanziell absichern kannst. Gib dein Wissen an Mütter in deinem Freundinnen- und Bekanntenkreis weiter.
- Kläre deine Tochter über Wege in die wirtschaftliche Unabhängigkeit auf und lebe deinen Kindern finanzielle Informiertheit vor. Informationen zur finanziellen Absicherung von Frauen bietet zum Beispiel die Seite www.was-verdient-die-frau.de des DGB oder das Informationsportal des Bundesministeriums für wirtschaftliche Zusammenarbeit und Entwicklung www.bmz.de (Stichwort: Wirtschaftliche Unabhängigkeit Frauen).
- Stelle einen Antrag auf Anrechnung der Kindererziehungszeiten über das Formular V800 der Deutschen Rentenversicherung.

Du möchtest (andere) Mütter unterstützen?

- Werde Mitglied in Gewerkschaften und Berufsverbänden. Oft erhältst du hier auch kostenfreie Beratung bei arbeitsrechtlichen Fragen.
- Setze dich für eine bessere Bezahlung von weiblichen Dienstleistungsberufen ein, indem du dich beispielsweise solidarisch mit Streikenden zeigst.

- Unterstütze die Forderung der Nationalen Armutskonferenz (nak) gegen Armut und Ausgrenzung oder engagiere dich in einer ihrer Mitgliedsorganisationen. Informationen findest du hier: www.nationale-armutskonferenz.de

Unsere Forderungen an die Politik:

- Angemessen hohe Regelsätze für Hilfeempfängerinnen sowie die Umsetzung der Kindergrundsicherung.
- Abschaffung von Minijobs und Steuerklasse V. Das Ehegattensplitting muss durch eine Individualbesteuerung mit einem übertragbaren Grundfreibetrag ersetzt werden.
- Bessere Altersvorsorgemöglichkeiten für Teilzeitbeschäftigte und volle Anrechnung von Betreuungs- und Pflegezeiten bei den Rentenansprüchen.
- Ein Rückkehrrecht in Vollzeitbeschäftigung und auf den gleichen Arbeitsplatz für alle Arbeitnehmer:innen.
- Pflicht zur transparenten Lohngestaltung in Unternehmen.
- Statistische Erfassung beruflicher Diskriminierung aufgrund von Elternschaft.

Diese Auflistung basiert unter anderem auf Forderungen des Deutschen Gewerkschaftsbundes und der Nationalen Armutskonferenz. Die Kontaktdaten der Initiativen findet ihr im Anhang.

„Leider gelingt es der aktuellen Familienpolitik nicht, alle Familienformen gleichermaßen vor Armut zu schützen."

Daniela Jaspers

4.2
Interview mit Daniela Jaspers, Bundesvorsitzende des Verbandes alleinerziehender Mütter und Väter e.V.

Das größte Risiko in Armut zu rutschen tragen Mütter, die ihre Kinder ohne Partner großziehen. Laut neuestem Armutsbericht des Paritätischen Wohlfahrtsverbandes sind Alleinerziehende mit über 42 Prozent in Deutschland der am stärksten von Armut betroffene Haushaltstyp. Das heißt, fast jeder zweite Haushalt mit alleinerziehendem Elternteil ist von Armut betroffen. Entlastungspakete und familienpolitische Maßnahmen sollen in Krisenzeiten die größten Härten abfedern und vor Kinderarmut schützen. Allerdings orientieren sie sich häufig am traditionellen Familienmodell. Bei Kindergelderhöhungen oder Steuerentlastungen gehen Alleinerziehende dadurch häufig sogar leer aus. Ihre schwierige finanzielle Lage verändert sich seit vielen Jahren kaum.

Unsere Fragen:

1. **Welche Faktoren führen dazu, dass Alleinerziehende besonders von Armut bedroht sind?**
2. **Was kann die Politik tun, um Alleinerziehende finanziell zu entlasten und vor Armut zu schützen?**
3. **Wer kann neben den Interessenverbänden Fürsprecher:in für die Belange Alleinerziehender sein?**

Eng mit der Armut der Mütter ist Kinderarmut verbunden. Knapp 2,9 Millionen Kinder und Jugendliche galten 2021 als armutsgefährdet.[85] Im Jahr 2022 stieg die Quote der armutsgefährdeten Kinder und Jugendlichen noch einmal auf 21,6 Prozent und erreichte einen neuen Höchststand.[86] Wie auch in allen anderen Bereichen können wir nicht über die Situation von Müttern reden, ohne die der Kinder einzubeziehen. Daten über den Erwerbsumfang von Frauen zeigen, dass Alleinerziehende im Schnitt eine höhere Erwerbsquote haben als beispielsweise Ehefrauen. Dennoch haben sie das höchste Risiko für Armut. Wie passt das zusammen? Wir haben mit Daniela Jaspers, der Bundesvorsitzenden des Verbands alleinerziehender Mütter und Väter e.V., über die Lage von Ein-Eltern-Familien gesprochen.

Frau Jaspers, warum sind Alleinerziehende besonders stark von Armut bedroht?

„Zum einen sind der Erwerbsumfang und die Art der Erwerbstätigkeit entscheidend und nicht allein die Erwerbs-

quote. Es ist zwar ein höherer Anteil der Alleinerziehenden in Vollzeit beschäftigt, allerdings viele in schlecht bezahlten Frauenberufen. Daher reicht das Einkommen oft zwar, um sich selbst abzusichern, aber nicht für die Kinder. Viele Alleinerziehende arbeiten zudem in Teilzeit oder in Minijobs, Arrangements, die noch als Paarfamilie vereinbart wurden. Zu diesem Zeitpunkt lohnte sich das häufig aufgrund der kostenlosen Familienmitversicherung, des Ehegattensplittings oder steuerfreier Minijobs. Kommt es zu einer Trennung, bringen diese Entscheidungen jedoch konkrete Nachteile für diejenige Person mit sich, die den Großteil der Kinderbetreuung übernommen und damit weniger verdient hat.

Zugleich muss man sehen, dass nach einer Trennung gerade für alleinerziehende Mütter der Berufseinstieg in Vollzeit nicht automatisch möglich ist, schon allein, weil trotz Rechtsanspruch eine ausreichende Kinderbetreuung in vielen Fällen nicht zur Verfügung steht. In Berlin fehlen für das Jahr 2023 zum Beispiel insgesamt rund 17.000 Kita-Plätze, ganz zu schweigen von der Ganztagsbetreuung von Schulkindern. Daher ist ein großes Problem für Alleinerziehende die fehlende Vereinbarkeit von Familie und Beruf. Zudem werden Unterhaltszahlungen oft nicht oder nicht vollständig gezahlt, nur 25 Prozent aller Alleinerziehenden bekommen den Unterhalt, der ihnen zusteht. Beim Unterhaltsvorschuss wird außerdem das gesamte Kindergeld angerechnet, nicht wie beim Unterhalt nur die Hälfte. Insgesamt sind die Beträge auch viel zu niedrig, gerade bei den heutigen Lebenshaltungskosten. Daher versprechen wir uns als Verband viel von der geplanten Kindergrundsicherung. Diese soll ja aus einem einkommensunabhängigen Sockelbetrag sowie einem einkommensabhängigen Zusatzbetrag bestehen. Als Verband hoffen wir, dass dadurch ein Großteil des Geldes tatsächlich bei den Kindern ankommt und Kinderarmut effektiv bekämpft wird.“

Armut – das bedeutet nicht nur wenig Geld zu besitzen. Armut bedeutet auch Angst vor jeder Rechnung. Armut ist Scham vor Freunden und Familie, Ausgrenzung vom Rest der Gesellschaft. Die geschlossenen Cafés, Kino- und Theatersäle, die ausgefallenen Veranstaltungen und sonstige Einschränkungen während des Lockdowns in der Corona-Krise, sie waren für arme Menschen nichts Neues. Über das Gerede der Verhältnismäßigkeit konnten sie nur müde lächeln. Für sie ist jeder Tag Lockdown – ganz ohne Corona. Und diese Gruppe wird immer größer.

Der neueste Armutsbericht des Paritätischen Wohlfahrtverbandes ist alarmierend. Noch nie waren so viele Menschen in Deutschland von Armut bedroht wie heute. Durch die Pandemie stieg die Armutsquote im Jahr 2022 auf das Rekordniveau von fast 17 Prozent.[87] Das sind 14,1 Millionen Menschen, die in Deutschland zu den Einkommensarmen gerechnet werden. Als armutsgefährdet gilt statistisch jede Person, die weniger als 60 Prozent des Netto-Durchschnittseinkommens zur Verfügung hat. Im Jahr 2021 belief sich der Schwellenwert für Armutsgefährdung für Alleinlebende in Deutschland auf 14.041 Euro netto pro Jahr.[88] Besonders gravierend ist die Diskrepanz zwischen den Geschlechtern bei älteren Personen ab 65 Jahren. Mit 21,3 Prozent im Jahr 2022 sind zudem Kinder und Jugendliche besonders von Armut betroffen, sowie junge Erwachsene bis 25 Jahre, deren Armutsquote bei 25,5 Prozent lag.[89]

Armutsbericht: Der Bericht „Lebenslagen in Deutschland – Armuts- und Reichtumsbericht der Bundesregierung" (ARB), oft als Armutsbericht bezeichnet, ist ein wiederholt erscheinender Bericht der deutschen Bundesregierung zur wirtschaftlichen und sozialen Lage der Bürger:innen Deutschlands mit speziellem Fokus auf Armut in Deutschland. Der Bericht enthält Hinweise zu den politischen Maßnahmen, mit der die Bundesregierung die Lebenslage und die Verwirklichungschancen der gesellschaftlich Benachteiligten verbessern will. Analog dazu veröffentlicht der Paritätische Wohlfahrtsverband jedes Jahr seinen Armutsbericht.

Durch die hohe Inflation wird sich die Armutslage mit hoher Wahrscheinlichkeit sogar noch weiter verschärfen. Alleinerziehende und kinderreiche Familien sind von den Preissteigerungen am stärksten betroffen. Alleinerziehende Mütter haben oft wenig bis keine

Möglichkeiten, die Betreuung der Kinder privat zu teilen. Gleichzeitig sind sie allein für das Haushaltseinkommen zuständig. Das führt, in Kombination mit der schwierigen Arbeitsmarktlage für Mütter, zu einer verhängnisvollen Verbindung. Überdurchschnittlich viele alleinerziehende Mütter sind auf Sozialleistungen angewiesen. Ein Stigma, das auch die Kinder schon früh zu spüren bekommen. Einerseits ist die Familie nach der Trennung nicht mehr „intakt". Andererseits gehört der soziale Status von Transferhilfeempfänger:innen zu einem der niedrigsten, die in unserer Gesellschaft existieren. Diese sozialen Stigmata begleiten Kinder oft ein Leben lang. Armut erzeugt vor allem Ausgrenzung, weil Kinder, deren Eltern arm sind, nicht am normalen gesellschaftlichen Leben teilnehmen können.

Frau Jaspers, wo liegt der Zusammenhang zwischen Familienpolitik und der hohen Armutsquote alleinerziehender Mütter?

„Die Familienpolitik schafft für Paarfamilien aktuell starke finanzielle Anreize, dass einer der Elternteile – de facto meist die Frau – lediglich in Teilzeit oder im Rahmen eines Minijobs erwerbstätig ist. Nach der Trennung wird von Alleinerziehenden jedoch erwartet, dass sie eigenständig ihre Existenz sichern können. Das ist ein Widerspruch in sich. 85 Prozent der Alleinerziehenden sind weiblich. Frauen arbeiten überwiegend im Einzelhandel, im Dienstleistungsbereich oder in sozial-pflegerischen Berufen. Da in diesen

Bereichen Unternehmen oft zu wenig Mitarbeiter:innen beschäftigen, greift das Teilzeitbrückengesetz nicht und die

Teilzeitbrückengesetz Seit 2019 ist die Brückenteilzeit im Teilzeit- und Befristungsgesetz (TzBfG) gesetzlich verankert. Beschäftigte können bei Vorliegen der entsprechenden Voraussetzungen ihre Arbeitszeit für einen bestimmten Zeitraum reduzieren, um dann wieder zu ihrer ursprünglichen Arbeitszeit zurückzukehren. Der Rechtsanspruch sieht vor, dass Arbeitnehmende, die länger als sechs Monate in einem Unternehmen beschäftigt sind, ihre Arbeitszeit für einen Zeitraum von mindestens einem, höchstens jedoch für fünf Jahre reduzieren können, ohne ihren Vollzeitanspruch zu verlieren. Nur Beschäftigte in Betrieben mit mehr als 45 Arbeitnehmenden dürfen sich auf eine befristete Teilzeitphase berufen. Der Arbeitgeber kann den Antrag auf befristete Teilzeit aus betrieblichen Gründen ablehnen oder auch über die fünf Jahre hinaus gewähren. Info: www.bmas.de (Stichwort: Brückenteilzeit)

dort beschäftigten Frauen haben keinen Rechtsanspruch, nach der Phase der Kinderbetreuung wieder in Vollzeit berufstätig sein zu können. Interessant ist zudem, dass viele

Paare sich, bevor sie Kinder bekommen, eine gleichberechtigte Partnerschaft wünschen und ihre Kinder in gleichem Umfang betreuen wollen. Nach der Geburt wird dennoch immer noch sehr häufig das alte Modell gelebt – schlicht, weil es sich finanziell lohnt. Die familienpolitischen Rahmenbedingungen signalisieren: Wenn ein Elternteil in Teilzeit arbeitet, der andere in Vollzeit, hat die Familie am Ende des Monats mehr Geld im Portemonnaie. Das hat konkrete Folgen für Alleinerziehende nach der Trennung.“

Wir geben Frauen zwar heute die Freiheit, sich von ihrem Partner zu trennen. Als Mütter jedoch werden wir nach wie vor finanziell dafür bestraft, wenn es zu einer Trennung kommt. Denn die massiven mutterschaftsbedingten Verluste im Einkommen werden nur in einer klassischen Ehe teilweise aufgefangen: Durch Steuererleichterungen, kostenlose Mitversicherung und familienpolitische Leistungen. Laut aktueller Studie der Bertelsmann-Stiftung kommen Ehepaare so auf ein verfügbares Lebenseinkommen von rund 700 000 Euro je Person. Demgegenüber sind alleinerziehende Frauen finanziell benachteiligt. Sie kommen auf ein verfügbares Lebenseinkommen von nur rund 521 000 Euro.[90]

Ein großer Faktor, der nicht unerheblich zur Einkommenslücke zwischen Müttern und Vätern beiträgt, liegt in unserem Steuersystem. In Deutschland gibt es seit 1958 das Ehegattensplitting, das Ehepartnern steuerliche Vorteile verspricht, wenn sie ungleich viel zum Haushaltseinkommen beitragen. Als es eingeführt wurde, orientierte man sich an der sogenannten „Versorgerehe“, in der der Mann allein für das Einkommen der Familie zuständig war. Dagegen war die Frau allein für die unbezahlte Familienarbeit zuständig und durfte bis 1977 nicht ohne Zustimmung ihres Ehemanns berufstätig werden. Das Ehegattensplitting ist also ein steuerpolitisches Relikt aus einer Zeit, in der die berufstätige Frau keine Selbstverständlichkeit war.

Ehegattensplitting bezeichnet das Verfahren, nach dem in Deutschland Ehepaare und Lebenspartnerschaften, die zusammenleben und nicht einzelveranlagt sind, besteuert werden. Bei gemeinsamer Veranlagung wird das gesamte zu versteuernde Einkommen der beiden Partner halbiert, die darauf entfallende Einkommensteuer berechnet und die Steuerschuld anschließend verdoppelt. Es wird also immer so getan, als ob beide Partner genau die Hälfte des gemeinsamen Einkommens beziehen würden. Dadurch ist die Steuerschuld des Paares von der tatsächlichen Verteilung der Einkommen auf beide Partner unabhängig.[91] Innerhalb der EU haben zahlreiche Länder das Ehegattensplitting zugunsten einer Individualbesteuerung abgeschafft.[92]

Der Steuervorteil des Ehegattensplittings wird umso geringer, je mehr der andere Ehepartner zum Haushaltseinkommen beiträgt. Sobald beide das gleiche Erwerbseinkommen erzielen, verschwindet der Splittingvorteil vollständig. Das bedeutet, dass unser Steuersystem, anstatt die egalitäre Arbeitsteilung innerhalb der Familie zu fördern, diese sogar mit höheren Steuern bestraft. Hinzu kommen steigende Betreuungskosten, die zusätzlich die Familienkasse belasten, wenn beide Elternteile arbeiten. Diese beiden Faktoren zusammen machen es, zumindest für untere bis mittlere Einkommensschichten, oftmals unrentabel, wenn beide Partner gleichermaßen einer Erwerbsarbeit nachgehen. Der Staat schafft auf diese Weise ein Anreizsystem für ungleiche Arbeitsteilung innerhalb der Familie. Insbesondere für Ehefrauen ist es in diesem System oft ökonomisch sinnvoller, weniger zu verdienen.

Falls die Ehe jedoch scheitert, stehen Frauen häufig vor dem Problem, dass ihr Einkommen zu niedrig ist, um die eigene Existenz zu sichern. Erhalten Mütter ohne oder mit geringem Einkommen keinen Betreuungsunterhalt über das dritte Lebensjahr des Kindes hinaus, was seit der Unterhaltsrechtsreform 2008 die Regel darstellt, sind sie auf Sozialleistungen angewiesen. Der Staat sendet also widersprüchliche Signale. Wenn alles gut läuft: Ehegattensplitting, Familienmitversicherung, Steuerfreiheit von Mini-Jobs. Wenn der Ehepartner allerdings ausfällt, tragen Frauen die finanziellen Konsequenzen allein.[93]

Frau Jaspers, welche Folgen hatte die Unterhaltsrechtsreform von 2008 auf die Armutslage alleinerziehender Mütter?

„Die Unterhaltsrechtsreform von 2008 geht vom Ideal der eigenständigen Existenzsicherung nach der Trennung aus. Das deckt sich jedoch einfach nicht mit der Realität vieler Alleinerziehenden. Dabei bleiben so viele Aspekte wie der Gender Pay Gap, die schwierige Vereinbarkeit von Familie und Beruf aufgrund fehlender bedarfsgerechter Kinderbetreuung oder auch berufliche Nachteile durch die Familienphase unberücksichtigt. Es ist schwierig, wenn politisch der Anspruch besteht, dass schon vor der Familiengründung und auch in der Familienphase eine eigenständige Existenzsicherung vorliegen sollte – dies aber in der Realität oft nicht der Fall ist. Bezeichnenderweise ist das Armutsrisiko für Alleinerziehende von 40 Prozent im Jahr 2006 trotz Unterhaltsrechtsreform auf 43 Prozent im Jahr 2019 gestiegen, war also nicht rückgängig.“

Den rechtlich zugesicherten Kindesunterhalt bekommen Frauen von ihren Expartnern oft nur unregelmäßig oder nicht in voller Höhe. Der staatliche Unterhaltsvorschuss, der Kindern zusteht, wenn der unterhaltspflichtige Elternteil keinen oder nicht regelmäßig Unterhalt zahlt, fängt das Problem nur begrenzt auf, unter anderem, weil auf ihn das Kindergeld in voller Höhe angerechnet wird und der Unterhaltsvorschuss nur bis zur Vollendung des 18. Lebensjahres des Kindes ausgezahlt

Unterhaltsrecht: Jedes Kind hat grundsätzlich Anspruch auf Unterhalt durch seine Eltern. Die Höhe des zu leistenden Barunterhaltes hängt vom aktuellen Einkommen des unterhaltszahlenden Elternteils ab, vom Alter des Kindes und von der Zahl der Personen, denen Unterhalt zusteht. Richtschnur hierfür ist die „Düsseldorfer Tabelle" (Info: www.olg-duesseldorf.nrw.de). Vom Mindestunterhalt kann der barunterhaltspflichtige Elternteil die Hälfte des Kindergeldes abziehen. Neben dem Kindesunterhalt steht dem betreuenden Elternteil grundsätzlich ebenfalls Unterhalt zu, jedoch meist nur bis zum Ende des dritten Lebensjahres des Kindes. Kinder, die vom unterhaltspflichtigen Elternteil keinen oder keinen regelmäßigen Barunterhalt erhalten, können Unterhaltsvorschuss beantragen. Für die Berechnung des Unterhaltsvorschusses wird das Kindergeld allerdings in voller Höhe angerechnet.

wird, unabhängig davon, ob dieses sich noch in Ausbildung befindet oder bereits über eigenes Einkommen verfügt.[94] Im Ergebnis werden Frauen und ihre Kinder nach wie vor dafür bestraft, wenn eine Ehe scheitert, paradoxerweise besonders stark, wenn der unterhaltspflichtige Elternteil nur wenig oder gar nicht zahlt und/

oder die Familie auf den Bezug von SGBII-Leistungen (Hartz IV oder Bürgergeld) angewiesen ist. 2023 machte unter anderem die Initiative „Fair für Kinder“ auf diese massive Ungerechtigkeit aufmerksam.

Eine gerechtere Aufteilung von Sorgearbeit nach der Trennung ist für viele alleinerziehende Mütter keine Option. Allerdings möchten oder können Mütter die Betreuung ihrer Kinder auch nicht komplett auslagern. Laut aktuellem Bericht der Bertelsmann-Stiftung fehlen in Deutschland 2023 sage und schreibe 384 000 Kita-Plätze.[95] Die fehlenden Plätze für den offenen Ganztag in den Schulen sind da noch nicht einmal eingerechnet. Der größte Teil davon, nämlich rund 360 000 Plätze, fehlen allein im Westen Deutschlands. Dabei besteht der größte Mangel im bevölkerungsreichsten Bundesland Nordrhein-Westfalen mit mehr als 100 000 fehlenden Kita-Plätzen. Vor allem aber fehlt es fast überall an Personal. Insgesamt müssten 97.000 Fachkräfte eingestellt werden, um den Bedarf zu decken. Die Mütter in Deutschland finden also faktisch keine öffentliche Betreuung für ihre Kinder, obwohl sie einen Rechtsanspruch darauf haben. Das zeigt, dass gut gemeint nicht gleich gut gemacht ist. Tatsächlich muss eine Menge Geld für die Kinderbetreuung aufgebracht werden. Genau genommen zusätzlich 4,3 Milliarden Euro pro Jahr allein für Personal. Passiert das nicht, tragen vor allem Mütter diese Kosten, da sie durch fehlende Betreuungsmöglichkeiten nicht oder nicht im gewünschten Maß einer Erwerbsarbeit nachgehen können. Die Kosten, die

Kommunen am Ausbau von Betreuungsplätzen sparen, werden also indirekt auf die Mütter umgelegt und von ihnen bezahlt. Ein weiterer Faktor, der zu Armut beiträgt. Wie lässt sich dieses Dilemma lösen?

Frau Jaspers, welche politischen Maßnahmen würden Alleinerziehende vor Armut schützen?

„Tatsächlich geht es in Bezug auf familiäre Sorgearbeit um das Dilemma zwischen Geld und Zeit. In Bezug auf den Arbeitsmarkt ist unsere Forderung als Verband alleinerziehender Mütter und Väter daher die allgemeine Arbeitszeitverkürzung auf 35 Stunden bei vollem Lohnausgleich, der Ausbau existenzsichernder Teilzeit und das Schaffen einer gewissen Arbeitssouveränität, die sich am Bedarf von Familien orientiert. Also auch das Recht auf Homeoffice, allerdings nicht wie in der Pandemie parallel zur Kinderbetreuung. Wichtig ist einfach, nicht erst nach der Trennung Erwerbs- und Sorgearbeit gleichmäßig aufzuteilen. Denn die familienbedingten Nachteile spiegeln sich im Arbeitsmarkt wider und treffen dadurch vor allem diejenigen, die während der Familienphase den Großteil der Kinderbetreuung übernommen haben.

Die wichtigste Forderung des VAMV ist daher tatsächlich eine bedarfsdeckende, flexible und kostenfreie Kinderbetreuung, inklusive einer ergänzenden Betreuung in Randzeiten. Kinderbetreuung ist existenzsichernd, mit ihr ist für Alleinerziehende überhaupt erst die Möglichkeit der Berufs-

tätigkeit gegeben. Dazu unterstützen wir die Forderung einer Kindergrundsicherung, dass also die Unterstützung tatsächlich beim Kind ankommt und nicht auf die Bedarfsgemeinschaft angerechnet wird. Diese Kindergrundsicherung müsste unserer Forderung nach auch den Mehrbedarf berücksichtigen, der dadurch anfällt, dass sich das Kind bei getrennten Eltern abwechselnd in zwei Haushalten aufhält. Darüber hinaus fordern wir als Verband Steuergerechtigkeit für Alleinerziehende in Form einer Individualbesteuerung, [...] wie aktuell angedacht. Als Verband geht es uns darum, vor allem auch die Kinder Alleinerziehender zu unterstützen. Dadurch, dass Alleinerziehende eben nur ein Einkommen zur Verfügung haben, ist deren Situation oft prekär.

Schließlich fordern wir unter dem Stichwort „Solidarität nach Trennung" in Bezug auf den Unterhalt, dass der Partner, der während der Partnerschaft Vollzeit gearbeitet hat, seine Verantwortung nach der Trennung wahrnimmt und die Zeiten bis zum beruflichen Wiedereinstieg der Expartnerin oder des Expartners finanziell überbrückt. Als Ausgleich für die Zeit, die der andere während der Beziehung wegen der Kinderbetreuung beruflich zurückgesteckt hat. Im Alter erleben Alleinerziehende oft die „Spätfolgen" der in ihrer Ehe oder Partnerschaft getroffenen Entscheidungen. Die eingeschränkten Beschäftigungsverhältnisse während der Betreuung von Kindern haben einen direkten Einfluss auf ihre Rente, da dadurch weniger Rentenansprüche erworben wurden. Im Ergebnis ist die gesetzliche Rente derzeit nicht ausreichend, für eine private Rentenver-

sicherung reicht bei vielen Alleinerziehenden das Geld aber nicht, eine betriebliche Rente ist nicht immer gegeben und die Möglichkeit der privaten Altersvorsorge als Alternative oder auch Ergänzung zur betrieblichen Rente muss von den Arbeitnehmer:innen selbst umgesetzt werden und bedeutet weniger Netto im Geldbeutel. Insofern sind tatsächlich viele Alleinerziehende von Armut im Alter bedroht. Als Verband nehmen wir dazu unter anderem in unserem „Positionspapier zur Existenzsicherung von Alleinerziehenden im Alter" Stellung."

Bei einem Modell der **Individualbesteuerung** wird die Höhe der Steuer nach dem Einkommen des Individuums, nicht nach dem zusammengerechneten Einkommen einer Veranlagungsgemeinschaft wie zum Beispiel eines Ehepaares, festgesetzt. Die Einkommenssteuerlast von Eheleuten ist bei einer Individualbesteuerung unabhängig davon, ob beide Partner Einkommen erzielen oder nur einer. Es besteht kein Unterschied zwischen Personen, die in einem Einpersonenhaushalt oder in einer Lebenspartnerschaft leben oder verheiratet sind. Insgesamt betrachtet entsteht bei der Individualbesteuerung kein steuerlicher Vor- oder Nachteil durch den Familienstand der Ehe.

Wer könnte neben Interessenverbänden Fürsprecher:in für die Belange Alleinerziehender werden?

„Neben den Betroffenenorganisationen sicher Sozialverbände wie Diakonie oder die Arbeiterwohlfahrt (AWO). Oder auch Gewerkschaften. Letztlich natürlich auch politische Parteien. Parteien machen sich, wenn sie nicht mehr Teil der Regierung sind, ja oft für Dinge stark, die davor, als sie die Macht und damit die Möglichkeit zu Veränderung hatten, nicht auf ihrer To-Do-Liste standen. Das finde ich schon interessant."

Als Alleinerziehende:r die Hauptverantwortung für die eigenen Kinder zu tragen und neben der Fürsorgearbeit das Einkommen der Familie erwirtschaften zu müssen, ist eine echte Herausforderung. Umso wichtiger, dass gesetzliche Rahmenbedingungen Ein-Eltern-Familien nicht zusätzlich belasten. Solange Gesetzgebung und Politik allerdings am Familienbegriff der „Kernfamilie" mit Vater-Mutter-Kind(ern) festhalten und sich diese Haltung in Regelungen wie dem Ehegattensplitting oder dem aktuellen Unterhaltsrecht niederschlägt, ist dies noch immer der Fall. Die Verantwortung für ihr finanzielles Wohlergehen allein der alleinerziehenden Mutter oder dem alleinerziehenden Vater zu überlassen, ist nicht nur in hohem Maße unfair, sondern hat konkrete Folgen für unsere Gesellschaft: Sie sorgt für Kinderarmut und daraus resultierende massive

Chancenungleichheit für die nächste Generation. Die Situation Alleinerziehender wirft somit ein Schlaglicht auf gesellschaftliche Missstände, die uns alle betreffen.

Du willst als Mutter aktiv werden?

- Informiere dich über deine Rechte. Eine kostenlose (Online-) Rechtsberatung für Alleinerziehende findest du zum Beispiel hier: www.hotline-familienrecht.de. Gib dein Wissen an (andere) Alleinerziehende weiter.
- Übersichtliche Informationen zu finanziellen Fördermöglichkeiten für Alleinerziehende findest du auf dem Portal Amuvee (www.amuvee.de).
- Erkundige dich darüber hinaus bei der Gleichstellungsbeauftragten deiner Stadt nach Unterstützungsmöglichkeiten für Alleinerziehende und inwiefern zum Beispiel die Forderungen des VAMV e.V. auf kommunaler Ebene umgesetzt werden.

Du möchtest (andere) Mütter unterstützen?

- Werde (Förder-) Mitglied in Interessenvertretungen wie dem Verband alleinerziehender Mütter und Väter e.V. (www.vamv.de), der Mütterinitiative für Alleinerziehende (www.die-mias.de) oder der Stiftung Alltagsheld:innen (www.alltagsheldinnen.org). Unterstütze die Initiativen finanziell und/oder verbreite ihre Forderungen.

- Vernetze dich im Rahmen lokaler Stammtische und Gruppen und biete (anderen) Alleinerziehenden deine Unterstützung an. Rufe gegebenenfalls ein eigenes Angebot ins Leben. Oft ist die Nutzung von Räumen in Bürgerzentren oder in Kirchengemeinden kostenlos möglich.

Unsere Forderungen an die Politik:

- Bedarfsdeckende, flexible und kostenfreie Kinderbetreuung, inklusive ergänzender Angebote in Randzeiten.
- Erhöhung des steuerlichen Entlastungsbetrags von Alleinerziehenden.
- Anpassung des Unterhaltsrechts an die realen Lebensbedingungen von Kindern. Der Gesetzgeber muss hierfür faire gesetzliche Regelungen schaffen, die weder den ökonomisch schwächeren Elternteil noch das Kind benachteiligen und gewährleisten, dass die Existenz des Kindes in beiden Haushalten gesichert ist.
- Eine einkommensabhängige Kindergrundsicherung (KGS), die sich an der Höhe des soziokulturellen Existenzminimums orientiert.
- Kindererziehungszeiten stärker bei der Berechnung der gesetzlichen Rente mitberücksichtigen.

Diese Forderungen basieren unter anderem auf Stellungnahmen des Vereins Alleinerziehender Mütter und Väter (VAMV e.V.), der Mütterinitiative für Alleinerziehende (Die MIAs e.V.), der Stiftung Alltagsheld:innen und der Initative Shia e.V.[96] Die Kontaktdaten findet ihr im Anhang.

5

Normen und Werte

Wie wir die Ökonomie weiblicher machen

*„Wenn es uns
mit einer fairen Arbeitsteilung
innerhalb der Familien ernst ist,
ist das Ideal einer 40-Stundenwoche
völlig unrealistisch“*

Prof. Dr. Bettina Kohlrausch

5.1
Interview mit Prof. Dr. Bettina Kohlrausch, wissenschaftliche Direktorin des Wirtschafts- und Sozialwissenschaftlichen Instituts (WSI) der Hans-Böckler-Stiftung

Zwar ist das Mutter- und Hausfrauenbild der 50er Jahre passé und immer mehr Väter nehmen heute Elternzeit. Geschlechterrollen sind weniger eng gefasst und die Arbeitsteilung innerhalb der Familien wird zunehmend egalitär. Jedoch ist dem Wandel von Familienmodellen nicht im gleichen Maß ein Wandel der Arbeitswelt gefolgt. Politik und Ökonomie gehen noch immer vom Primat des sogenannten „Familienernährers“ aus. Gleichzeitig lassen wir uns in unserem wirtschaftlichen Handeln von Idealen leiten, die mit der Realität nur wenig gemeinsam haben. Unsere ökonomischen Modelle haben schlicht keine Vorstellung davon, was es heißt, eine Familie zu versorgen. Das hat vor allem für uns Mütter zur Folge, dass wir nicht kompatible Ideale und die daran geknüpften Erwartungen vereinbaren sollen – was häufig unmöglich ist.

Wir möchten wissen:

1. **Welche Normen und Werte bestimmen, wie wir leben und wirtschaften?**
2. **Welche Rolle spielt unbezahlte Arbeit bei der Organisation von Erwerbsarbeit?**
3. **Wie lässt sich Sorgearbeit aufwerten und was würde sich dadurch für unsere Gesellschaft verändern?**

Die Vereinbarkeitsleistung ausschließlich den Individuen aufzubürden funktioniert nicht, sagt die Ökonomin und wissenschaftliche Direktorin des Wirtschafts- und Sozialwissenschaftlichen Instituts der Hans-Böckler-Stiftung, Prof. Dr. Bettina Kohlrausch. Meint man es ernst mit der Gleichstellung der Geschlechter, müsse die Vereinbarkeit von Sorgearbeit vielmehr in einen institutionellen Kontext eingebunden werden. Damit stelle sich logischerweise die Frage, wie wir Erwerbsarbeit organisieren. Dass das Thema für Mütter von enormer Bedeutung ist, wurde in den letzten Jahren während und nach der Coronakrise besonders deutlich.

Frau Prof. Dr. Kohlrausch, haben Mütter in den letzten Jahren das Vertrauen in die Politik verloren?

„*Man muss sagen, der Vertrauensverlust in die Politik ist tatsächlich bei Eltern – und noch einmal mehr bei Müttern – am stärksten nachweisbar. Insbesondere in Familien mit geringem Einkommen. Das zeigt zum Beispiel eine Studie von Sonja Bastin von der Universität Bremen. Ich glaube, das hat verschiedene Gründe. Zum einen zeigt sich hier die Fassungslosigkeit vieler Eltern darüber, dass die Politik während der Corona-Pandemie monatelang Kinder und Jugendliche im Homeschooling unterrichten ließ, ohne ihnen anschließend die Möglichkeit zu geben, den versäumten Stoff vernünftig nachzuholen. Das hat konkrete Folgen für die betroffenen Familien. Verständlicherweise fühlen sich Eltern, und insbesondere Mütter, dadurch oft komplett im Stich gelassen. Dazu kam, dass Anfang 2022 die Politik auf einmal fast alle Schutzmaßnahmen in Kitas und Schulen aufhob. Einige Eltern sorgten sich dadurch zusätzlich um die Gesundheit ihrer Kinder und hatten noch mehr das Gefühl: Erst wurden wir die ganze Zeit allein gelassen und dann ist auch noch die Gesundheit unserer Kinder allen total egal. Wir können also auf jeden Fall sehen, dass das Vertrauen von Müttern in die Politik radikal zurückgegangen ist. Die Frage ist, ob sich dieses Vertrauen wiederherstellen lässt und wie lange das dauern wird.*“

Das „traditionelle“ oder „bürgerliche“ Mutterbild ist eng verknüpft mit dem sogenannten „Familienernährermodell“, das in der Nachkriegszeit aufgrund der guten Wirtschaftslage entstand. Während Väter ganz selbstverständlich für die Erwerbsarbeit zuständig waren, gab es bis Mitte der 60er Jahre kaum einen Zweifel darüber, welche vorrangige Aufgabe Mütter in der Gesellschaft hatten. Eine „gute Mutter“ war eine Frau, die sich für das Wohl der Familie verantwortlich fühlte und diese Aufgabe als ihre Erfüllung betrachtete. Auch wenn es in der Realität kaum eine Frau gab, die diesem Ideal gerecht werden konnte, wurde es zum Leitbild von Mutterschaft. Für jene, die nicht in ihrer Rolle als Mutter und Hausfrau aufgingen, musste sich die Familie anfühlen wie ein Gefängnis. Nicht selten führten einsame und gelangweilte Mütter der 50er und Anfang der 60er Jahre ein Schattendasein, litten unter Depressionen oder verfielen schließlich dem Alkohol. Mit Produkten wie „Frauengold“ wurde die verzweifelte Hausfrau gar als Zielgruppe entdeckt. Mit Werbebotschaften wie „Lebensfroh mit Frauengold!“ (1963) suggerierten die Hersteller eine antidepressive Wirkung des alkoholhaltigen Mittels. Anfang der 80er Jahre wurde das Produkt verboten, da einige seiner Inhaltsstoffe inzwischen als krebsfördernd und nierenschädigend gelten.[97]

Mit den feministischen Umwälzungen der 70er Jahre erfuhr die gesellschaftliche Rolle der Frau als Hausfrau und Mutter schließlich eine starke Ablehnung und das Bild der erwerbstätigen und kinderlosen Frau entstand.

Die Frauen wollten finanziell unabhängig sein und sich nicht mehr allein auf die Mutterrolle festlegen lassen. Seither geraten Mütter zwischen zwei miteinander konkurrierende Rollenbilder und werden damit zur Projektionsfläche von Idealen einerseits und Feindbildern andererseits. Im Versuch, beide Konzepte miteinander zu vereinbaren, entstehen zwar neue, moderne Formen von Mutterschaft, jedoch haben viele Mütter dabei das Gefühl, der Vielzahl an Erwartungen nicht gerecht zu werden. Im Ergebnis sehen sich Mütter heute ständiger Kritik ausgesetzt, bis hin zu Verachtung. Widmen sie sich als Hausfrau und Vollzeit-Mutter ausschließlich ihren Kindern, lautet der Vorwurf, sie würden sich aus Bequemlichkeit in männliche Abhängigkeit begeben und traditionelle Geschlechterrollen stärken. Kehren sie hingegen nach kurzer Zeit in eine Vollzeit-Beschäftigung zurück, werden ihnen egoistische Motive der Selbstverwirklichung und Vernachlässigung ihrer Kinder unterstellt. Egal, welchen Weg Mütter heute nehmen, sie stehen immer unter Rechtfertigungsdruck.

Gleichzeitig wird familiäre Fürsorgearbeit noch immer als „Arbeit aus Liebe" romantisiert und als selbstverständlich angesehen. Das hat zur Folge, dass die Arbeit innerhalb der Familie politisch als etwas behandelt wird, das irgendwie nebenherläuft und keiner weiteren Aufmerksamkeit bedarf. Man verlässt sich im Grunde blind darauf, dass Mütter diese Arbeit quasi als ihre natürliche Aufgabe betrachten.

Welches Rollenverständnis haben wir von Müttern und Vätern?

Zum Rollenverständnis von Mutterschaft gibt uns die Familienbildumfrage des Bundesinstituts für Bevölkerungsforschung (BiB) Aufschluss.[98] Dort stimmte eine Mehrheit aller Befragten zu, dass Mütter nachmittags Zeit für ihre Kinder haben sollten. Frauen waren sogar deutlich häufiger dieser Meinung (74 gegenüber 57 Prozent der Männer). Dies ist durchaus interessant, da es einen Hinweis darauf gibt, dass Frauen das oft kritisierte Modell weiblicher Teilzeit-Erwerbstätigkeit entweder stark verinnerlicht haben, oder es schlicht befürworten, die Hälfte des Tages Zeit für die Kinder zu haben. Über 80 Prozent der Befragten war 2016 allerdings auch der Meinung, dass Mütter einem Beruf nachgehen sollten, um unabhängig vom Partner zu sein. 76 Prozent der Männer stimmten dem eher beziehungsweise voll zu, während es bei den Frauen sogar rund 88 Prozent waren. Insgesamt zeigen Westdeutsche in Bezug auf das Mutter- und Familienbild eine stärkere Tendenz zur traditionellen Arbeitsteilung als Ostdeutsche. Eine vollständige Ablehnung der Erwerbstätigkeit von Müttern ist hingegen ganz selten. Sie lag über alle Gruppen hinweg bei 2 bis 4 Prozent. Zum Umfang der Erwerbstätigkeit gibt es hingegen wieder größere Unterschiede zwischen Ost und West. Das zeigt, dass sich nicht nur über die Zeit hinweg, sondern auch innerhalb Deutschlands unterschiedliche Mutterbilder herausgebildet haben. Insgesamt teilt die jüngere Bevölkerung heute überwiegend ein Mutterbild, das zwischen moderner und traditioneller Mutterschaft steht.

Und wie sieht das neue Vaterbild aus? In der Studie des Bundesinstituts für Bevölkerungsforschung fand ein hoher Teil der Bevölkerung (bis 87 Prozent) es problematisch, wenn der Vater die Kindererziehung allein der Mutter überlässt. Zudem stimmten über die Hälfte der Befragten der Aussage zu, dass Väter für ihre Kinder beruflich kürzertreten sollten. Hier zeigen Männer sogar eine höhere Zustimmung als Frauen (67 gegenüber 57 Prozent). Eine prinzipielle Beteiligung an der Kinderbetreuung von Vätern scheint also überwiegend erwünscht. Interessant ist, dass sich dies jedoch bis heute nicht in der tatsächlichen Aufteilung der Erwerbsarbeit niederschlägt. Nach der Geburt ihrer Kinder arbeiten Väter im Schnitt sogar häufiger in Vollzeit als zuvor. Für die Mehrheit der Bevölkerung ist die Vereinbarkeit von Familie und Beruf auch für Väter wichtig, das Leitbild des "Neuen Vaters" wird von vielen geteilt. Allerdings hat es das traditionelle Vaterbild des „Ernährers“, das noch von fast jedem dritten Mann geteilt wird, nicht vollständig ersetzt.

Traditionelle Muster zeigen sich auch an den Erwerbsidealen der jüngeren Bevölkerung. Die Hälfte der jungen Erwachsenen nannte 16 bis 25 Stunden als ideale Arbeitszeit für Mütter mit einem zweijährigen Kind, 15 Prozent nannten eine vollzeitnahe Teilzeitbeschäftigung und etwas mehr als jede:r Zehnte eine geringfügige. Nur 8 Prozent der Befragten fanden in dieser Familienphase eine Vollzeitbeschäftigung für Mütter optimal. Für die Väter bezeichneten dagegen drei Viertel der Befragten eine Vollzeitarbeit als passend. Eine reduzierte Erwerbsarbeitszeit (bis maximal 35 Stunden) für Väter wurde von knapp einem Viertel der Befragten als geeignet angesehen.[99]

Die Daten zum Rollenverständnis von „Mutter“ und „Vater“ zeigen, dass moderne Leitbilder die traditionellen Vorstellungen nicht komplett ablösen, sondern die vormals eng gefassten Geschlechterrollen flexibilisiert und erweitert haben. Im Grunde ist das eine gute Voraussetzung für mehr Wahlfreiheit und eine individuellere Gestaltung des Familienlebens, je nach eigenen Bedürfnissen, Fähigkeiten und Interessen. Doch existieren auch heute noch Bedingungen, die Menschen unabhängig von ihrer eigenen Vorstellung in die eine oder andere Rolle zwingen. Um sie gänzlich zu beseitigen, ist es notwendig, die künstliche Trennung und Hierarchisierung der Geschlechterrollen aufzuheben und statt dessen echte Wahlfreiheit zu schaffen.

Frau Prof. Dr. Kohlrausch, welche Bedeutung hat Sorgearbeit für die Ausübung von Erwerbsarbeit?

„Während der Corona-Pandemie haben wir Eltern im Rahmen einer Erwerbspersonenbefragung gefragt, ob sie eigentlich die Kinderkranktage, die ihnen als Entlastung zu-

stehen, in Anspruch nehmen. Aus meinem Umfeld wusste ich nämlich, dass die meisten das nicht tun. Und auch unter den befragten Eltern nutzten tatsächlich nur etwa 20 Prozent die Kinderkranktage und wählten eher andere Wege wie zum Beispiel unbezahlten Urlaub, um ihre Kinder zu betreuen. Zudem haben wir festgestellt, dass Leute, die in Teilzeit oder in befristeten, unsicheren Anstellungsverhältnissen arbeiten, seltener Kinderkranktage nutzen. Es braucht also offenbar bestimmte betriebliche Voraussetzungen, damit Arbeitnehmer:innen sich überhaupt die Zeit für familiäre Sorgearbeit nehmen. Selbst wenn sie grundsätzlich das Recht dazu haben, braucht es betriebliche Arrangements, die die Umsetzung ermöglichen. So kam ich zu der Aussage: Wenn wir Erwerbsarbeit so organisieren, dass alle flexibel und zu 100 Prozent zur Verfügung stehen müssen, haben die Leute einfach keinen Spielraum für Sorgearbeit. Dann ist es letztlich auch egal, ob sie das Recht haben, sich frei zu nehmen – sie werden es nicht tun. Einfach, weil sie wissen, dass ihre Kollegin ansonsten die Mehrarbeit übernimmt oder sie selbst ihre Arbeit zu einem späteren Zeitpunkt nachholen müssen. Ein Recht zu haben, ist die eine Sache, ein Recht durchsetzen zu können, die andere.

Meint man es also ernst damit, dass Menschen sowohl in Erwerbs- als auch in Sorgearbeit eingebunden sind, muss man bei der Organisation der Erwerbsarbeit die Logik von Sorgearbeit mitdenken. Wenn Eltern zum Beispiel plötzlich gepflegt werden müssen, zeichnet sich das in der Regel vorher nicht ab. Und in der Pandemie standen Eltern auf einmal vor der Situation, ihre Kinder rund um die Uhr betreuen zu müssen. Dabei wurde klar: Es ist sehr schwer, individuelle Rechte betrieblich durchzusetzen, wenn das im Arbeitskontext gar nicht vorgesehen ist. Die Menschen, die Fürsorge- und Erwerbsarbeit leisten müssen, müssen diese beiden Logiken aber in sich vereinbaren. Diese Vereinbarkeitsleistung ausschließlich den Individuen aufzubürden, funktioniert meiner Auffassung nach nicht. Überträgt man sie aber in einen institutionellen Kontext, stellt sich logischerweise die Frage: Wie organisieren wir Erwerbsarbeit? Es ist ja schon auffällig, dass vor allem diejenigen, die in befristeten Arbeitsverhältnissen sind, die Kinderkranktage deutlich seltener in Anspruch nehmen, vermutlich, weil sie Angst haben, dass ihr Vertrag sonst nicht verlängert wird.“

Der aktuellen HDI-Berufe-Studie des Haftpflichtverbandes der Deutschen Industrie von 2022 zufolge wünscht sich inzwischen fast jede:r zweite Vollzeit-Erwerbstätige in Deutschland Teilzeitarbeit. Am stärksten ist der Wunsch nach kürzeren Arbeitszeiten bei Beschäftigten unter 40 Jahren. Insgesamt plädieren Dreiviertel aller Erwerbstätigen für eine 4-Tage-Woche in ihrem Unternehmen und 41 Prozent sehen im mobilen Arbeiten eine qualitative Verbesserung ihrer Arbeitsbedingungen. Insgesamt lässt sich insbesondere in der jüngeren Bevölkerung eine niedrigere Bindung zum aktuellen Arbeitgeber nachweisen, als es noch vor 2020 der Fall war. Damals stimmte jeder Dritte der Aussage zu, mit der Arbeit aufzuhören, wenn er es sich finanziell leisten könne. Heute sind es mehr als die Hälfte.

Die Studienautor:innen führen die Entwicklung in der Einstellung zur Erwerbsarbeit auf die Digitalisierungswelle durch die Corona-Pandemie zurück. Darüber hinaus führt auch der massive Fachkräftemangel in vielen Bereichen dazu, dass Beschäftigte in eine deutlich bessere Verhandlungsposition kommen. Gleichzeitig sind es insbesondere junge Berufstätige, die sich oft in der Familiengründungsphase befinden und dabei überproportional mit der Frage nach Vereinbarkeit konfrontiert sind. Da wundert es nicht, dass sich ausgerechnet diese Gruppe den Ergebnissen der Studie zufolge mehr Freiräume im Beruf wünscht. „Sie wollen mitbestimmen, wo, wann und wie lange sie arbeiten. Ihre Vorstellungen weichen dabei deutlich von den tradierten Arbeitsmodellen ab", fasst es Dr. Christopher Lohmann, Vorsitzender des Vorstands von HDI Deutschland, zusammen.[100]

Reicht es, Mütter von Care-Arbeit zu befreien, beispielsweise durch den Ausbau von Betreuungsplätzen?

„Ich denke, hier gibt es auch unterschiedliche Positionen unter Feministinnen. Die einen argumentieren, Care-Arbeit und auch familiäre Care-Arbeit müsse finanziell aufgewertet werden, andere wollen Eltern davon befreien und möglichst umfassend am Berufsleben teilhaben lassen. Ich persönliche denke, es ist von zentraler Bedeutung, Männern und Frauen gleichermaßen die Teilhabe an der Erwerbstätigkeit zu er-

möglichen. Aber der Schlüssel ist letztlich, wie fair die Arbeit insgesamt verteilt wird. Ich glaube nicht, dass es reicht, die Betreuungsangebote auszubauen mit dem Ziel, die Eltern, das heißt meistens die Mütter, von der Sorgearbeit zu befreien. Denn Eltern wollen die Betreuung ihrer Kinder ja meist nicht komplett auslagern. Und wenn dann doch wieder in erster Linie die Mütter für die Alltagsorganisation zuständig sind, ist auch mit externen Betreuungsangeboten nicht wirklich etwas gewonnen.

Also glaube ich, dass beides wichtig ist: Wir müssen einerseits die Kinderbetreuung ausbauen, und zwar mit gutem Personalschlüssel und auf hohem pädagogischem Niveau. Da überwiegend Frauen in den Institutionen arbeiten, schaffen wir dadurch auch zusätzliche weibliche Arbeitsplätze. Und andererseits müssen wir über Arbeitszeiten reden. Denn wenn es uns ernst ist mit einer fairen Arbeitsteilung innerhalb der Familien, ist das Ideal einer 40-Stunden-Woche völlig unrealistisch. Wir werden nur zu einer fairen Verteilung von Sorgearbeit kommen, wenn wir die Erwerbstätigkeit so organisieren, dass überhaupt Spielräume entstehen, um innerhalb der Familien eine gerechte Arbeitsteilung auszuhandeln. Solange Paare eigentlich nur die Möglichkeit einer Vollzeit- und einer Teilzeitstelle haben, werden bei den derzeitigen Lohnstrukturen weiterhin Mütter ihre Arbeitszeit reduzieren. Natürlich spielen dabei auch bestimmte Vorstellungen von Mütterlichkeit und Väterlichkeit eine Rolle. Die Erweiterung der Kinderbetreuung reicht jedenfalls nicht aus. Letztlich verlagert man damit die Verteilungsfragen von Sorgearbeit ins Private. Sorgearbeit ist aber eine gesamtgesellschaftliche Frage und Aufgabe. Wichtig ist die Frage: Was sind eigentlich die Rahmenbedingungen, unter denen Paare Beruf und Familie leben?"

Die Frage nach den Arbeitsbedingungen, vor allem die nach den Arbeitszeiten, wurde in der Gleichstellungspolitik unseres Erachtens bisher zu wenig beachtet. Die Forderung nach familienfreundlichen Arbeitsbedingungen gehört mindestens an die gleiche Stelle wie die Forderung nach guter und umfassender öffentlicher Kinderbetreuung. Sie stellt Familie und die damit einhergehende Verantwortung nicht in Frage und integriert sie zugleich in den wirtschaftlichen Zusammenhang. Noch sind wir weit von wirklich familien- und damit mütterfreundlichen Arbeitsbedingungen entfernt, doch die aktuellen Umfragen zeigen, dass in den Köpfen der Menschen ein Umdenken eingesetzt hat. Karriere steht weniger im Mittelpunkt von Lebensverläufen und Erwerbsarbeit allein reicht nicht für Zufriedenheit. Inzwischen ist die Vereinbarkeit mit anderen Bereichen des Lebens mindestens ebenso wichtig wie ein gutes Einkommen.

Für Mütter war die Arbeitszeit schon vor der Pandemie eine wichtige, vielleicht sogar die wichtigste Voraussetzung für Zufriedenheit im Beruf. Insbesondere in den Berufen des Gesundheits- und Sozialwesens, in denen mehrheitlich Frauen arbeiten und die besonders von Mehrarbeit betroffen sind, wünscht sich eine Mehrheit, weniger zu arbeiten. So zeigt die Arbeitszeitumfrage der Gewerkschaft ver.di, dass bereits 2019 65 Prozent der Befragten eine Gehaltssteigerung gegen mehr freie Zeit eintauschen würden. Und das in beinahe allen Arbeitsfeldern im Gesundheits- und Sozialwesen und unabhängig davon, welches Arbeitszeitsystem zur Anwendung kommt. Dabei würde mehr als die Hälfte (52 Prozent) die zusätzliche freie Zeit für freie Tage verwenden. 41 Prozent würden ihre wöchentliche Arbeitszeit reduzieren. Ein gutes Drittel der Befürworter:innen des Wahlmodells würde die zusätzliche freie Zeit auf einem Arbeitszeitkonto bzw. einem Lebensarbeitszeitkonto ansparen.[101]

Frau Prof. Dr. Kohlrausch, warum geschehen politische Veränderungen zugunsten von Müttern und Familien immer noch so schleppend?

„Unsere Gesellschaft wird durch eine patriarchale Struktur dominiert. Zusätzlich werden Entscheidungen häufig von Leuten getroffen, die wahrscheinlich in familiäre Verpflichtungen nicht so stark eingebunden sind. Mit kleinen Kindern kommt man eigentlich gar nicht auf eine hohe politische Position, einfach, weil einem die Zeit dazu fehlt. Das heißt, es existiert auch kein breites öffentliches Bewusstsein dafür, was Eltern täglich leisten und wie belastet sie sind. Im ersten Infektionsschutzgesetz wurde zum Beispiel Homeoffice als Möglichkeit gesehen, Kinder zu betreuen, weshalb Eltern kein Recht auf Lohnersatzleistungen hatten. Wer immer

das geschrieben hat, war offenbar der Auffassung, Care-Arbeit zu leisten, sei keine Arbeit. Diese Abwertung und Ignoranz gegenüber Sorgearbeit sind eben noch deutlich verfestigter in unserer Gesellschaft als ich vor der Pandemie gedacht hätte. Ich frage mich auch, wie es sein kann, dass zum Beispiel die Familienministerin lange Zeit gar nicht an den Corona-Konferenzen beteiligt war. Und auch im [...]

Feministischer Arbeitsbegriff: Der erweiterte Arbeitsbegriff umfasst alle Formen gesellschaftlicher Arbeit, auch die, die vermeintlich außerhalb der ökonomischen Produktion stehen. Demnach ist Arbeit sowohl bezahlte Erwerbsarbeit als auch Haus- und Sorgearbeit, Erziehungs- und Beziehungsarbeit, Pflegearbeit für Alte, Kranke und Behinderte und ehrenamtliche politische und kulturelle Arbeit. Es geht darum, die herkömmliche Trennung von ökonomisch und außerökonomisch sowie deren geschlechterspezifische Zuordnung in Frage zu stellen. Daraus kann abgeleitet werden, welcher institutionellen Änderungen es in Beruf, Gemeinwesen, Politik und Haushalt bedarf, damit Frauen und Männer die dort anfallenden Arbeiten ebenbürtig erledigen können und Unterschiede aufgrund des Geschlechts oder der sozialen Herkunft beseitigt werden.[102]

Expert:innen-Coronarat war keine einzige Soziologin oder Sozialwissenschaftlerin, also jemand, der die Prozesse der Pandemie jenseits des Infektionsgeschehens betrachtet. Mir fällt dafür wirklich kein anderes Wort ein als Ignoranz. Diese Ignoranz ist das Ergebnis einer patriarchalischen Struktur, die weiblich konnotierte Arbeit und Sorgearbeit systematisch abwertet. Natürlich auch, weil der Arbeitsbegriff, wie wir ihn aktuell gesellschaftlich verstehen, überhaupt nur funktioniert, wenn Sorgearbeit abgewertet und nicht als Arbeit anerkannt wird."

Was kann politisch für die Aufwertung von Sorgearbeit getan werden?

„*Ich persönlich bin durchaus ein Fan von Quoten, auch was Führungspositionen angeht. Allerdings müssen Frauen dazu überhaupt erst die Möglichkeit haben, entsprechende Positionen zu erreichen. Damit das möglich wird, ist echte Vereinbarkeit von Familie und Beruf zentral. Für mich ist die Arbeitszeitfrage der Schlüssel. Ich werde oft von Unternehmen gefragt: „Was können wir machen, um die Vereinbarkeit zu verbessern?" Und natürlich kann man unternehmenspolitisch etwas dafür tun, dass auch Frauen oder Personen mit Sorgeverantwortung im Unternehmen Karriere machen können. Große Firmen wie VW mit ihrem Angebot der „Führung in Teilzeit" machen bereits vor, wie das geht. So kommen eben Frauen und Mütter überhaupt erst in Positionen, an denen sie wichtige Entscheidungen treffen können.*

In der Politik helfen zusätzlich sicherlich auch Quoten, aber eine Frauenquote allein hilft Müttern nicht wirklich. Im Zweifelsfall kommen sonst nämlich Frauen an Entscheidungspositionen, die gar nicht besonders stark in Sorgearbeit eingebunden sind. Manches werden wir auch nicht gesetzlich regeln können. Es gibt zum Beispiel Überlegungen, in der Politik den freien Sonntag einzuführen. Das wäre für Politiker:innen mit kleinen Kindern sicherlich eine Entlastung. Oder dass sich der Ortsverein unter der Woche nicht erst abends um sieben Uhr trifft. Da bringen Eltern nämlich meist gerade ihre Kinder ins Bett. Am Ende ist es dann natürlich auch eine kulturelle Frage, ob Sorgearbeit ganz selbstverständlich genauso mitgedacht wird wie Erwerbstätigkeit. Die Besprechung des Ortsvereins findet ja gerade nicht mittwochs um zehn statt, weil da alle arbeiten. Wenn wir aber konsequent sagen, wir denken Fürsorgearbeit mit, schlägt sich das in vielen kleinen Entscheidungen nieder, die sich gar nicht alle gesetzgeberisch regeln lassen. “

Fürsorgearbeit mitzudenken bedeutet auch, die grundsätzliche Abhängigkeit des Menschen in unser Menschenbild zu integrieren und anzuerkennen, dass sie notwendigerweise zum Leben dazu gehört. Gerade in wirtschaftsliberalen Kreisen, in denen die Eigenverantwortung und die Freiheit des Individuums als Ideale gefeiert werden, trifft die Vorstellung des Menschen als hilfsbedürftiges Wesen auf Widerstand.

Das Ideal des Homo oeconomicus besitzt die Fähigkeit, völlig losgelöst von jeglichen sozialen und emotionalen Zusammenhängen stets nutzenmaximierende Entscheidungen zu treffen. Nach dieser ökonomischen Theorie hat der Mensch weder Familie noch Kontext. Er kennt keine Gefühle, noch wird er schwanger oder krank. Er war niemals Kind, noch wird er jemals alt. Ein isoliertes körper- und seelenloses Wesen, das auf die Erde gespuckt wurde, nur um seinem Leben einen einzigen Sinn zu geben: die eigene ökonomische Nutzenmaximierung. Das ist das Bild, das Ökonomen seit Ende des 19. Jahrhunderts vom Menschen zeichnen. Getrieben durch sein Eigeninteresse holt dieser Mensch stets das Beste aus seinen Möglichkeiten heraus. Der Homo oeconomicus ist männlich, rational, durchsetzungsstark und tatkräftig.

In Wahrheit aber kann dieses Ideal nur existieren, weil es die andere Seite ausschließt. Das Gehalt des Mannes bleibt nach der Geburt eines Kindes nur deshalb unverändert, weil er sich nicht darum zu kümmern braucht. Das Ideal des Homo oeconomicus schließt aus, was die Frauen in diesem System verkörpern: weiblich, fürsorglich, selbstlos und passiv zu sein. Die Frau – und Mutter – ist damit die Abweichung vom Ideal. Ein Kind auszutragen ist keine typisch menschliche Erfahrung, sondern etwas, das außerhalb der Norm liegt. In einem beruflichen Lebenslauf ist generell kein Platz dafür vorgesehen. Hinter dem Argument, Frauen arbeiteten, forschten, regierten genauso gut wie Männer, verbirgt sich ein Menschenbild, das den Mann zum Maßstab der Dinge macht. Nach diesem Weltbild gibt es nur das männliche Menschengeschlecht. Der Mann ist der Mensch. Die Frau das Abweichende oder „Andere". Nicht umsonst formulierte die feministische Schriftstellerin und Philosophin Simone de Beauvoir bereits 1949 in ihrem berühmten Essay „Das andere Geschlecht", der Mann setze sich als das Absolute und Subjekt, während der Frau die Rolle der Anderen, des Objekts, zugewiesen werde. Frauen würden somit immer in Abhängigkeit vom Mann definiert.[103] Nicht nur das Recht, sondern auch Ökonomie und Politik basieren auch heute noch auf der Vorstellung, der Mensch habe nur ein Geschlecht. So lange Frauen sich also wie Männer verhalten, sind sie gleichberechtigt. In dem Augenblick, in dem sie aufhören, „wie er" zu sein, verlieren sie ihren Anspruch auf Gleichstellung. Denn dann weichen sie vom Ideal ab.[104]

Frau Prof. Dr. Kohlrausch, welche konkreten Vorteile hat die Aufwertung familiärer Fürsorgearbeit für alle Mitglieder der Gesellschaft, also auch für kinderlose Menschen?

„ *Die Abwertung von unbezahlter Sorgearbeit geht ja einher mit einer Abwertung von bezahlter Sorgearbeit. Und wir sind alle, auch wenn wir keine Kinder haben, selbst Kinder und haben auch Freunde, die uns etwas bedeuten. Dass wir als Menschen füreinander da sein wollen, ist, glaube ich, wirklich Teil unserer Natur. Haben wir diese Möglichkeit, profitieren davon am Ende alle. Letztlich hilft das sogar,*

Arbeitsplätze zu bewahren. Tatsächlich haben wir im Moment gerade in der Pflege und in Kitas und Kindergärten, wo überwiegend Frauen arbeiten, massiven Fachkräftemangel. Zugleich sehen wir, dass sehr viele Frauen weniger arbeiten, als sie tatsächlich wollen. Echte Vereinbarkeit, zum Beispiel durch eine verbesserte Kinderbetreuung, würde dazu führen, dass diese Frauen viel stärker dem Arbeitsmarkt zur Verfügung stehen könnten.

Letztlich ist die Frage: Wofür brauchen wir die Ökonomie? Ökonomie ist kein Selbstzweck. Vielmehr soll etwas erwirtschaftet werden, was uns ein gutes Leben ermöglicht. Was also ist ein gutes Leben? Zeit füreinander zu haben, um füreinander zu sorgen, gehört definitiv dazu. Und wo wir das nicht mehr privat und individuell leisten können, müssen wir uns darauf verlassen können, dass unsere Kinder im Kindergarten oder in der Krippe gut betreut und wir gut versorgt werden, wenn wir alt oder krank sind. Das bedingt ein ganz neues Verständnis von Ökonomie, einfach, weil hier ein anderer Arbeitsbegriff und ein anderes Verständnis von Produktivität zugrunde liegen.“

Wir haben vergessen, dass wir unser Leben nicht in einem Zustand der Unabhängigkeit beginnen. In Wahrheit steht der Mensch am Beginn seines Lebens in totaler Abhängigkeit zum Körper der Mutter. „Was den Körper einer Frau von dem eines Mannes unterscheidet, ist die Fähigkeit, dass er Kinder gebären kann. Was bisher ein Mensch war, kann sich teilen und zwei Menschen werden. Auf diese Weise sind wir alle entstanden. Wir werden von anderen geboren, leben von anderen und durch andere", formuliert es Katrine Marçal in ihrem Buch „Machonomics" treffend. Der ökonomische Mensch, wie er in der klassischen Ökonomie beschrieben wird, ist ein Phantasieprodukt, das nichts mit der Realität des Lebens zu tun hat. Früher oder später wird er an sein Ende kommen müssen, allein schon deshalb, weil Frauen heute nicht mehr bereit sind, ausschließlich die selbstlose Andere zu verkörpern. Und ohne diese kann er nicht existieren. Fürsorge ist nichts, was nur Frauen vorbehalten ist. Höchste Zeit, dass auch Ökonomen beide Geschlechter in ihre Modelle integrieren. Indem sie weiblich konnotierte Arbeit in ihre Modelle einbeziehen und sichtbar machen. Indem sie ihr rein egoistisches Menschenbild revidieren und es wieder dem ursprünglich sozialen Wesen des Menschen anpassen. Ein Ideal, das den Menschen in seiner Ganzheit umfasst. Denn jeder Mensch existiert nur deshalb, weil ein anderer Mensch eben nicht nur an sich selbst dachte.

Du willst als Mutter aktiv werden?

- Mache dich frei von der Vorstellung, alle Erwartungen erfüllen zu müssen. Jede Mutter ist auf ihre Art eine gute Mutter. Finde deinen Weg, unabhängig von gesellschaftlichen Idealen.
- Sei stolz auf das, was du täglich leistest, und sieh deine Arbeit nicht als selbstverständlich. Sie ist wertvoll und gehört in die Mitte der Gesellschaft.

- Mach auf deine Situation als Mutter aufmerksam und nimm dir das Recht, für deine Kinder, aber auch für dich selbst zu sorgen.

Du möchtest (andere) Mütter unterstützen?

- Vernetze dich mit Müttern in deinem Umfeld, die das Ziel der gerechten Verteilung von Erwerbs- und Sorgearbeit teilen. Gebt einander wichtige, zum Beispiel arbeitsrechtliche, Informationen weiter, bestärkt euch gegenseitig und unterstützt euch auch praktisch im Alltag. Solidarität unter Müttern ist ein erster Schritt zu gesellschaftlichem Wandel.
- Unterstütze politische Forderungen, die Sorgearbeit, wie Kinderbetreuung und die Pflege von Angehörigen, stärker in den Fokus der Politik rücken.
- Setze dich auf betrieblicher Ebene für eine familienfreundliche Arbeitsplatzgestaltung ein. Ansprechpartner:in kann der Betriebsrat oder die oder der Gleichstellungsbeauftragte deines Unternehmens sein.

Unsere Forderungen an die Politik:

- Eine Erweiterung des Arbeitsbegriffs und die Reduzierung der wöchentlichen Normalarbeitszeit auf höchstens 30 Stunden.
- Verpflichtende Mütterquoten in Entscheidungs- und Führungspositionen.

- Einen besseren Arbeitnehmer:innenschutz für Menschen mit Fürsorgeverantwortung.
- Eine care-zentrierte Politik, die Fürsorge anstelle von Eigeninteresse als Leitprinzip menschlichen Handelns begreift.

Diese Auflistung basiert unter anderem auf Forderungen des DGB Frauen und der Equal Care Initiative. Die Kontaktdaten der Initiativen findet ihr im Anhang.

„Den Systemwandel den Betroffenen zu überlassen, also den jungen Müttern, pflegenden Angehörigen und Pflegekräften, wird nicht funktionieren."

Sascha Verlan

5.2
Interview mit Sascha Verlan, Autor und Mitinitiator des „Equal-Care-Day"

Aufklärung und Sensibilisierung ist eine Seite von Gleichberechtigung. Die andere umfasst die Handlungsmöglichkeiten der Individuen, die durch politische Entscheidungen überhaupt erst geschaffen werden. Aufgrund der hier im Buch besprochenen strukturellen Zwänge besitzen Mütter zu wenig Handlungsmöglichkeiten. Ein Grund dafür ist auch ihre Unsichtbarkeit in der Gesellschaft und das fehlende Bewusstsein in der Politik. Mütterliche Arbeit schöpfen wir als kostenlose, quasi unendliche Ressource ab, ohne dass wir einen Gedanken darüber verschwenden, was wir ihr verdanken. Um das Machtgefälle im Geschlechterverhältnis überwinden zu können, reicht es nicht, Geschlechterstereotype abzulehnen oder das Geschlecht gleich ganz neu zu definieren. Vielmehr muss ein Ausgleich zwischen den Geschlechterrollen geschaffen werden. Wie in diesem

Buch an mehreren Stellen deutlich wurde, ist Gleichberechtigung nicht nur eine Frage der Arbeitsteilung, sondern auch eine der Bewertung von Arbeit. Typisch „weibliche" Arbeit, die sich auf soziale und pflegerische Berufe erstreckt, steht nach wie vor nicht auf einer (Gehalts-) Stufe mit männlicher Arbeit, die wir mit technisch-handwerklichen Berufen verbinden. Innerhalb des Haushalts ist die vorwiegend weibliche Arbeit gleich ganz unbezahlt. In der Verteilung und Bewertung von Sorge-, Pflege-, Erziehungs-, Haus- und Familienarbeit, oder kurz „Care-Arbeit", stoßen wir auf handfeste patriarchale Verhältnisse, die uns oft gar nicht als solche bewusst sind.

Wir wollen wissen:

1. **Wie können wir Care-Arbeit innerhalb von Familie und Gesellschaft besser verteilen?**
2. **Welche Bedeutung hat Care-Arbeit für die gesamte Ökonomie?**
3. **Was können wir tun, um politische Prozesse zu beschleunigen?**

Wir haben mit Sascha Verlan von der Initiative „Equal Care Day" gesprochen. Almut Schnerring und er initiierten 2020 erstmals eine Konferenz zum Equal-Care-Day am 29. Februar und erarbeiteten mit Expert:innen das Equal-Care-Manifest. Das Ziel ist eine fürsorglichere Gesellschaft, die allen Menschen zugutekommt.

Herr Verlan, warum ist Care-Arbeit in der Familie keine Privatangelegenheit?

„Die ungleiche Verteilung privater Sorgearbeit bringt eine Menge Ungerechtigkeiten mit sich: wer mehr Sorgeverantwortung übernimmt, hat weniger Zeit für Erwerbsarbeit, verfügt dadurch über weniger Einkommen, später über weniger Vermögen und erwirbt weniger Rentenansprüche. Zudem fehlt Menschen mit Sorgeverantwortung, wozu noch immer überwiegend Frauen zählen, oft die Zeit für politisches und kulturelles Engagement. Das heißt, die geringere Sichtbarkeit von Frauen in der (Kommunal-) Politik, in Gewerkschaften, an Universitäten und Hochschulen etc. hat immer auch damit zu tun, dass sie eben zum Beispiel nicht an Sitzungen der Parteien teilnehmen können, die überwiegend abends stattfinden, oder überhaupt die Zeit haben, sich über die Erwerbs- und Care-Arbeit hinaus zu engagieren. Die ungleiche Verteilung der Sorgearbeit fängt zudem schon früh an. Mädchen werden mehr in die Familienarbeit eingebunden und Jungs übernehmen entsprechend später Verantwortung […]. Das hat nicht nur mit der Prägung durch die Eltern und Familien zu tun, sondern wird so auch in Kitas, Grundschulen und im gesamten Bildungsbereich vermittelt. Schon in Grundschulen werden Kinder auf die Erwerbsarbeit „getrimmt", mit dem entsprechenden Konkurrenzdruck. Die Erwerbsbiografie in der Schule vorzubereiten in Form von Praktika und Lebenslauftrainings ist sicher sinnvoll, aber es bräuchte eben auch die Anbahnung einer Care-Biografie. […] Entsprechend hat die Bildungspolitik einen bedeutenden Einfluss auf die spätere Verteilung von Sorgearbeit."

Care-Arbeit oder Sorgearbeit beschreibt die Tätigkeiten des Sorgens und Sichkümmerns. Darunter fällt Kinderbetreuung oder Altenpflege, aber auch familiäre Unterstützung oder häusliche Pflege. Bislang wurden diese Arbeiten überwiegend von Frauen geleistet, in den meisten Fällen unbezahlt. Die gesellschaftliche Relevanz von Care-Arbeit ist mittlerweile bekannt. Allerdings bleibt die Frage, wie diese gerecht verteilt werden kann. Zwar werden mit dem Wandel der Geschlechterordnung auch Hausarbeit, Sorge und Fürsorge neu verteilt – weiterhin allerdings überwiegend zwischen Frauen. Dies führt zu neuen Ungerechtigkeiten, da zum Beispiel Migrantinnen aus armen Ländern die steigende Nachfrage in Ländern des globalen Nordens bedienen oder Frauen durch die Übernahme von Sorgearbeit berufliche und soziale Nachteile entstehen.

Während sich das Mutterbild in den letzten Jahrzehnten stark verändert hat und Mütter nicht mehr nur Mutter sind, sondern gleichzeitig auch Politikerin, Wissenschaftlerin, Angestellte oder auch KFZ-Mechatronikerin, stellt sich für Frauen heute weniger die Frage, welche Rolle sie einnehmen wollen, sondern vielmehr, wie sie die unterschiedlichen Aspekte ihrer Rolle vereinbaren können. Mit dieser Frage sind übrigens nicht nur Mütter, sondern zunehmend auch Väter konfrontiert. Weil sich aber unser gesamtes ökonomisches System an einem Menschenbild orientiert, das idealerweise nicht schwanger werden kann, haben Männer grundsätzlich einen Vorteil. Das Problem von Geschlechterrollen sind nicht die Rollen an sich, sondern dass sie in männlich geprägten Strukturen nicht gleichwertig nebeneinanderstehen können. Der „Mann", das „Männliche", der „Vater" war und ist noch immer das Ideal, das wir über die „weiblichen" Attribute des Menschen stellen.

Im Feminismus gibt es aktuell eine starke Tendenz, die Konzepte von Geschlecht und Geschlechtszugehörigkeit neu zu definieren.[105] Das ist sinnvoll, wenn es darum geht, das Kind nicht von vornherein in eine rosa oder eine hellblaue Schublade zu stecken, sondern es sich frei nach seiner eigenen Persönlichkeit entwickeln zu lassen. Allerdings werden sich damit die Geschlechterunterschiede nicht wie durch ein Wunder auflösen. Gerade Mütter können sich, wenn es um die Geburt eines Menschen geht, nicht von ihrem Körper trennen und einfach ein Mann sein. Frauen werden immer einen Unterschied machen. Und das ist gut so. Denn das bedeutet, einen Gegenentwurf zum männlichen Ideal im patriarchalen Sinn zu besitzen, unter dem nicht nur Frauen leiden. Verteufeln wir dagegen jedes „mädchenhafte" Verhalten, aus Angst, es könne dazu führen, dass sich das Kind zu stark mit der unterdrückten weiblichen Rolle identifiziert, reproduzieren wir das ungleiche Geschlechterverhältnis vielmehr, als dass wir es überwinden. Um die weibliche Rolle tatsächlich aus ihrer unterlegenen Position zu befreien, müssen wir vielmehr zu einem neuen weiblichen Selbstbewusstsein zurückkehren und den Wert der Frauen wiederentdecken.

Der Wert der Frauen und Mütter speist sich jedoch gerade nicht aus einer idealisierten Mutterrolle, sondern aus einem neuen gesellschaftlichen Verständnis von „weiblicher" Arbeit. Indem wir die Arbeit innerhalb der Familie nicht allein als Privatangelegenheit verstehen, sondern als gesamtgesellschaftliche Arbeit, bringen wir Mutterschaft in einen volkswirtschaftlich-ökonomischen Zusammenhang. Initiativen wie der Schweizer Verein „Wirtschaft ist Care"[106] oder die deutsche Initiative „Equal-Care-Day"[107] machen genau auf diese Zusammenhänge aufmerksam. Sie fordern die Aufwertung bezahlter sowie unbezahlter Care-Arbeit und ihre Gleichverteilung unter den Geschlechtern. Dazu braucht es zunächst einen gesellschaftlichen Konsens darüber, dass es sich bei privater Fürsorge überhaupt um Arbeit handelt. Hartnäckig hält sich die Vorstellung, dass ein Dienst an den eigenen Kindern, dem Partner oder den Eltern aus reiner Liebe geschehe und keine weitere Anerkennung brauche. Schließlich entwickeln sich daraus eklatante Benachteiligungen jener, die sich mehr um Menschen sorgen als um Geld oder Maschinen.

Welche strukturellen Veränderungen braucht es, um Care-Arbeit besser unter den Geschlechtern aufzuteilen – innerhalb der Familie, aber auch in Institutionen?

„*Als Initiative weisen wir darauf hin, dass die Verteilung von Sorgearbeit natürlich auch immer etwas mit uns als Individuen zu tun hat. Das heißt, wir machen sehr viel Aufklärungs- und Sensibilisierungsarbeit, mit zum Beispiel Mental Load Tests, durch die wir zeigen, zu welchen Teilen sich Männer und Frauen an der familiären Care-Arbeit beteiligen; mit Vorträgen, aber auch durch die Equal-Care-Initative insgesamt. Dabei stoßen wir auf individueller Ebene allerdings schnell an Grenzen. Darum bemühen wir uns mit dem Equal Care Manifest, aber auch mit unserem Aktionstag, dem Equal Care Day am 29. Februar bzw. 1. März, Veränderungen in Bezug auf die strukturellen und wirtschaftlichen Bedingungen zu bewirken. [...] Vielen Entscheidungsträgern – ich benutze hier bewusst die männliche Form – ist gar nicht klar, was Care-Arbeit wirklich bedeutet. Gerade auch in Unternehmen findet ganz viel unsichtbare Sorgearbeit statt, die immens wichtig ist für den Zusammenhalt der Teams und damit für den wirtschaftlichen Erfolg der Unternehmen. Da braucht es einen ganz anderen Blick auf die internen Abläufe, mehr Wertschätzung für Sorgearbeit letztlich. Dann wird Frauen, die ja den Großteil der Care-Arbeit übernehmen, irgendwann auch nicht mehr vorgeworfen, sie seien weniger verlässlich oder belastbar.*

Auf der Ebene der politischen und steuerrechtlichen Strukturen ist natürlich ebenfalls noch viel zu tun. Vor allem braucht es ein Bewusstsein, dass politische Entscheidungen direkte Auswirkungen auf Care-Arbeit, ihre Verteilung und damit auf die Basis des Lebens haben. Das meinen wir als Initiative mit dem Begriff 'Care in all policies'. Wirtschaftlichen und politischen Entscheider:innen sollte zum Beispiel klar sein, dass eine 40h-Erwerbstätigkeit für Eltern oder pflegende Angehörige gar nicht oder nur unter großen Folgekosten zu leisten ist. Oder dass es Auswirkung auf die Betreuung Schwangerer hat, wenn eine Geburt durch das System der Fallpauschalen unter Zeitdruck stattfinden muss. Oder auch, wenn, wie aktuell in Baden-Württemberg, die Betreuungsschlüssel in den Kitas erhöht werden. In Kitas und Kindergärten bekommen Kinder nicht die Betreuung, die sie bräuchten, und in den Schulen fehlen dann das Personal und die räumliche und materielle Ausstattung. Rechnen wir das alles in die Zukunft, entstehen dadurch enorme gesellschaftliche Folgekosten. Darüber redet aber niemand.“

In einem Artikel der Friedrich-Ebert-Stiftung erklärt die Ökonomin Prof. Dr. Uta Meier-Gräwe von der Universität Gießen anschaulich, welche Bedeutung Fürsorgearbeit für die Wirtschaft hat.[108] Meier-Gräwe wählt hierzu das Beispiel von Uğur Şahin und Özlem Türeci, die als Gründer-Paar der Firma Biontech für ihre Entwicklung des Impfstoffs gegen das Coronavirus inzwischen das Bundesverdienstkreuz erhalten haben. Neben all den beruflichen Erfolgen, die das Paar bisher feiern konnte, existiert eine private Seite, in der es auch eine gemeinsame Tochter gibt. Die Frage aber, wer sich um das Kind kümmerte, während sich die Eltern voll und ganz der Wissenschaft widmeten, wird gar nicht erst gestellt. „Solange wir das nicht erfahren, taugt diese Story nicht wirklich als Rollenmodell für junge Frauen und Männer, die ihren künftigen Beruf mit der Gründung einer Familie verbinden wollen", kommentiert Meier-Gräwe. Alles was notwendigerweise um die Erwerbsarbeit herum organisiert werden muss, damit sie überhaupt stattfinden kann, ist seit Adam Smith der blinde Fleck unserer ökonomischen Modelle.

Die Marginalisierung der Care-Arbeit, so Meier-Gräwe weiter, lässt sich auch am Arbeitsmarkt beobachten. Einem aktuellen Bericht des Instituts für Arbeitsmarkt- und Berufsforschung (IAB) zufolge verzeichnet der Wirtschaftsbereich „Öffentlicher Dienst, Gesundheit und Erziehung" im Jahr 2020 mit 192.000 Beschäftigten im Vergleich aller Wirtschaftssektoren in Deutschland den zahlenmäßig höchsten Beschäftigungszuwachs. Absehbar ist, dass sich dieser Trend weiter fortsetzt, denn der Bedarf an Fachkräften im Care-Sektor ist enorm und die Personalnot entsprechend groß. Gleichzeitig ist im Corona-Jahr 2020 eine ebenso große Zahl an Stellen in der Industrie und den eng mit ihr verbundenen Unternehmensdienstleistern verloren gegangen. Einer Prognose des Bundesinstituts für Berufsbildung (BIBB) zufolge wird das „Gesundheits- und Sozialwesen" im Jahr 2040 mit rund sieben Millionen die meisten Erwerbstätigen stellen. Demgegenüber wird die Beschäftigtenzahl im verarbeitenden Gewerbe aufgrund von weiteren Produktivitätssteigerungen um 1,6 Millionen zurückgehen und nur noch rund 6,1 Millionen Erwerbstätige umfassen.[109]

Wie kann Care-Arbeit innerhalb eines Systems, das auf wirtschaftliche Rentabilität und Produktivität ausgerichtet ist, aufgewertet werden?

„*Oft wäre schon viel damit erreicht, wenn wir ehrlicher über Dinge reden würden. Die klassische Ehe zum Beispiel ist ja eine Zugewinngemeinschaft, das heißt, das Vermögen, das im Rahmen dieser Ehe erwirtschaftet wird, steht grundsätzlich beiden Ehepartnern zur Verfügung. Aber natürlich ist das eine Mogelpackung. Denn wir sprechen hier vielleicht von einem Haus oder sonstigem Besitz, die über die Jahre erworbenen Rentenansprüche spielen dabei keine Rolle. Das heißt, solange ein Ehepartner – und eben meistens die Ehepartnerin – beruflich zurücksteckt, ist die Gefahr der Altersarmut für sie einfach viel größer als für ihn. Eine wirkliche Zugewinngemeinschaft würde bedeuten, dass es ein Familienrentenkonto gibt und beide Partner:innen für die Zeit, in der sie die Ehe geführt haben, 50 Prozent von dem erhalten, was in die Rentenkasse eingezahlt wurde. Dadurch würden sich auch Machtverhältnisse ändern. Denn die ganze Argumentation des „Familieneinkommens“, dass er das Geld nach Hause bringt und damit seinen Beitrag zum Familienleben beiträgt – schön und gut, aber mit Geld ist in unserer Gesellschaft eben auch immer Macht verknüpft. Aktuell wird ja wieder einmal die Abschaffung des Ehegattensplittings diskutiert. Das ist sicher wichtig. Aber letztlich wird hier wieder nach der Logik der Effizienz und Wirtschaftlichkeit argumentiert: Frauen sollen dem Arbeitsmarkt zur Verfügung stehen. Würden wir dagegen der Care-Logik folgen, müssten wir Begriffe wie die der Zugewinngemeinschaft oder des Familieneinkommens politisch so ausgestalten, dass daraus wirklich ein Paar-Rentenanspruch entsteht und beide Partner finanziell abgesichert sind.*

Auch wenn wir über die Berufswahl von jungen Frauen und Männern reden, wäre diese Ehrlichkeit hilfreich. Tatsächlich hat sich daran in den letzten Jahren trotz Aktionen wie „Girls Day" oder „Boys Day", „Frauen in MINT" und „Männer in Kitas" relativ wenig verändert. Das wird oft verschleiert. Zehn Prozent mehr Frauen in der IT heißt dann zum Beispiel nur, dass eine Frau dazu kommt, da ohnehin so wenige Frauen in diesem Berufszweig vertreten sind. Zugleich ist es massiv unehrlich, zu sagen, der Markt und das Angebot bestimmten die Preise. In der Pflege haben wir seit fast 50 Jahren Fachkräftemangel, also müssten die Löhne dort eigentlich entsprechend steigen, um genügend junge Menschen zu bewegen, in die Pflege zu gehen. Genau das findet aber nicht statt. Warum werden diese Berufe, in denen mehrheitlich Frauen arbeiten, finanziell also nach wie vor so schlecht bewertet? Denn letztlich ist doch, was die Erzieherin der Gesellschaft an Mehrwert bringt, wenn sie unter guten Bedingungen arbeiten kann, ungleich höher als zum Beispiel die Verbesserung eines Akkus, der in ein Elektroauto verbaut wird. Dennoch wird sie weit schlechter bezahlt als der – meist männliche – Softwareentwickler oder Ingenieur.“

Im Augenblick der Corona-Krise und der als „systemrelevant“ bezeichneten Arbeit hätte jedem klarwerden müssen, wer hier eigentlich den Laden zusammenhält. Die nicht oder schlecht bezahlte Care-Arbeit in privaten Haushalten, im öffentlichen Dienst und in Dienstleistungsunternehmen bildet die Basis unseres Wirtschaftssystems und muss endlich den Stellenwert erhalten, der ihr gerecht wird. Dennoch folgte auf das symbolische Balkonklatschen 2020 herzlich wenig.[110] Ähnlich ergeht es Müttern alljährlich, wenn sich durch das gut gemeinte „Dankeschön“ zu Muttertag rein gar nichts für sie ändert. Dabei kommt die Ignoranz von Care-Arbeit uns allen teuer zu stehen, denn schon jetzt fehlen hunderttausende Fachkräfte in den sogenannten SAHGE-Berufen (Berufe in der Sozialen Arbeit, der Hauswirtschaft, in Gesundheit und Pflege sowie in Erziehung und Bildung). Jedoch wird die simple, aber von der Politik bisher bevorzugte Strategie der Anwerbung ausländischer Fachkräfte nicht aufgehen. Denn anders als in der Industrie, die sich ihren Standort selbst wählen kann, ist die Arbeit in Bereichen der Fürsorge überall gleichermaßen gefragt, weil sie überhaupt erst die Grundlage schafft, damit Menschen einer Erwerbstätigkeit nachgehen können. Das heißt: Es werden nicht genügend Menschen ins Land kommen, um den Fachkräftemangel annähernd beseitigen zu können. Sparen wir an der Fürsorge, sparen wir gleichermaßen am Fundament unseres Wirtschaftssystems und dem, was es zusammenhält. Und mittlerweile bröckelt es gewaltig. Wir stecken mitten in einer Care-Krise, die auf der politischen Bühne kaum jemand thematisiert.

Herr Verlan, was bedeutet Equal Care für unsere ökonomischen Modelle?

„Es wäre wünschenswert, ehrlicher zu benennen, dass Care-Arbeit gerade als kostenfreie Ressource abgeschöpft wird. Unternehmen gehen davon aus, dass sie die Fachkräfte, die sie dringend brauchen, einfach so bekommen und damit auch die Preise bestimmen können. Aber dieses „Humankapital" ist nicht einfach da. Dass wir es der Wirtschaft und Politik durchgehen lassen, dass sie insbesondere familiäre Care-Arbeit als etwas Naturgegebenes und stets Verfügbares behandelt, ist einer der Kardinalfehler des Systems. Deswegen ist eine der Grundforderungen unserer Initiative auch, Care-Arbeit im ökonomischen System mitzurechnen, und sei es nur in Form eines Mindestlohns. So wird einfach klar, welchen immensen Wert der unbezahlte Care-Sektor in das System einbringt und was umgekehrt für diejenigen, die Care-Arbeit übernehmen, herauskommt. Letztlich findet hier eine Umverteilung auf dem Rücken derjenigen statt, die die Sorgearbeit leisten."

Uta Meier-Gräwe plädiert dafür, eine Strategie zu entwickeln, die eine Neu-Konzeption von Wirtschaft vorsieht, in der die wechselseitige Abhängigkeit von (ver-) sorgenden Dienstleistungen und Industrieproduktion systemisch verankert wird. Dies schließt nicht nur ein deutlich höheres Gehalt der Sorgeberufe ein, sondern auch eine deutliche Verbesserung ihrer Arbeitsbedingungen. Da diese Berufe zu über 80 Prozent von Frauen bestritten werden, würde damit insgesamt das große geschlechterspezifische Ungleichgewicht am Arbeitsmarkt abnehmen und die ökonomische Position der Frauen gestärkt werden. Eine Neubewertung der Fürsorgearbeit beinhaltet zudem, dass auch die unbezahlten und privaten Formen in die Gesamtrechnung einfließen. Das heißt, dass die Wertschöpfung durch unbezahlte Arbeit in das Bruttoinlandsprodukt einfließen muss, da sie maßgeblich zum gesellschaftlichen Wohlstand beiträgt.

Die Berücksichtigung und Sichtbarmachung des unbezahlten Teils der Wirtschaft bedeutet zugleich ihre institutionelle Integration in unser Sozialsystem. Im „Equal-Care-Manifest" sind bedeutende Schritte auf diesem Weg bereits formuliert. Grundsätzlich muss analog zur Erwerbsbiografie auch die Care-Biografie gesellschaftlich anerkannt und zur Grundlage bürgerlicher Rechte und Pflichten werden. Familienpolitische Leistungen müssen die Entlastung und Aufwertung einerseits sowie die Gleichverteilung der Fürsorgearbeit andererseits zum Ziel haben. Zum Beispiel durch die Einführung einer finanziell abgesicherten Familienarbeitszeit und einer vereinheitlichten sozialen Absicherung privater Fürsorgearbeit, sei es Kindererziehung, Betreuung oder Pflege, die gleichermaßen in der Alterssicherung anzuerkennen sind. Die Unterstützung und Forderung einer gleichberechtigten Arbeitsteilung in Familien und Verantwortungsgemeinschaften kann durch alternative Erwerbsmodelle erreicht werden, zum Beispiel durch eine grundsätzliche Erwerbszeitreduzierung und ein Erwerb-Sorge-Modell.[111]

Erwerb-Sorge-Modell: Das Modell der „universellen Erwerbstätigkeit“ (adult-worker-model) sieht für alle Personen eine Vollzeiterwerbstätigkeit vor, ohne zu berücksichtigen, dass Menschen sich in vielen Fällen um eigene Kinder oder pflegebedürftige Eltern kümmern und einen Teil der Haus- und Sorgearbeit selbst übernehmen müssen. Deshalb verwendet die Sachverständigenkommission des Gleichstellungsberichts der Bundesregierung alternativ den von Politikwissenschaftlerin und Philosophin Nancy Fraser eingeführten Begriff „Erwerb-Sorge-Modell“ (earner-carer-model), der eben diese Sorgearbeit berücksichtigt.[112]

Gibt es einen Zusammenhang zwischen Care-Krise und Klimakrise?

„Im Grunde bestehen in beiden Bereichen ähnliche Mechanismen: auch in Bezug auf Umweltschutz tun wir so, als ob Wasser, Luft und weitere Ressourcen endlos verfügbar wären. Wir nutzen diese Ressourcen und geben sie in weit schlechterem Zustand wieder zurück ins System. Entsprechend beuten wir in der Pflege junge, engagierte Menschen aus und geben sie dem Arbeitsmarkt wenige Jahre später oft gestresster, kranker und unglücklich wieder zurück. Die durchschnittliche Verweildauer im Beruf ist im Pflegebereich sehr viel kürzer als in andern Berufssparten. Das können wir uns ökonomisch eigentlich gar nicht leisten.

Eigentlich gibt es ja keine „Care-Krise“, wir haben eher ein Care-Vakuum. Denn nur da, wo keine Care-Arbeit geleistet werden kann, ist die Krise. Und es gibt auch keine „Klima-Krise“, denn dem Klima ist es völlig egal, ob sich die Erde um 1,5 oder 2 Grad erwärmt. Es ist dann schlicht ein Klima, in dem wir Menschen nicht mehr gut leben können. Das eigentliche Problem ist die Verteilung und Organisation von Care-Arbeit. Es sind die zeitlichen Ressourcen, die das System uns für die Sorgearbeit zur Verfügung stellt. Ein erster Schritt ist, weg von den pseudo-knackigen Begriffen zu kommen. Wir haben keine Care-Krise oder Klima-Krise, sondern das Problem, dass zu viele Menschen in Unternehmen davon profitieren, dass wir konsumieren und Rohstoffe verbrennen. Tatsächlich gibt es auch hier wieder einen Gender Gap: Die größten Umweltverbrechen gehen auf das

Konto von Männern, Umweltschutz im Alltag übernehmen hingegen überwiegend Frauen. Von daher ist einer unserer Ansatzpunkte eben Erziehung und Bildung. Wirkliche Veränderung erreichen wir nicht, indem wir die 70-Jährigen ansprechen, sondern über die Kinder."

> ⓘ **Ökofeminismus:** Die ökofeministische Bewegung der 1970er Jahre machte auf den Zusammenhang zwischen patriarchalen Geschlechterverhältnissen und kapitalistischer Produktionsweise aufmerksam. Die patriarchale Verknüpfung von Natur und Weiblichkeit erlaubt die Abwertung und Ausbeutung sowohl natürlicher Ressourcen als auch weiblicher Arbeitskraft. Care-Krise und Klima-Krise sind somit eng miteinander verbunden und müssen daher gemeinsam gelöst werden.

Den Wert weiblicher Arbeit und der Fürsorgearbeit insgesamt anzuerkennen, bedeutet schließlich, dass wir die Ausbeutung der menschlichen Fähigkeit, zu sorgen, beenden. Diese Ausbeutung entspringt demselben Weltbild, welches auch den Raubbau an der Natur als vermeintlich unerschöpflicher Ressource vorantreibt und uns so konsequent in die Klimakatastrophe führt. Die Grenzen des Wachstums, wie sie der Club of Rome 1972 formulierte, sind gleichsam die Grenzen der Ausbeutung. Ein Perspektivwechsel von einer ego-zentrierten und wettbewerbsorientierten Weltsicht hin zu einer voneinander wechselseitig abhängigen Mitwelt ist notwendig. Wir sind keine losgelösten Individuen, die auf die Erde gespuckt werden, nur um dem einzigen Zweck zu dienen, das eigene Humankapital im Wettstreit mit anderen zu maximieren – bis wir irgendwann tot umfallen.

In Wahrheit steht der Mensch in hochgradiger Abhängigkeit zu seiner Umwelt. Am Beginn seines Lebens rein physisch zum Körper der Mutter. Später setzt sich die Abhängigkeit in der lebensnotwendigen (Ver-) Bindung mit seiner (sozialen) Umwelt fort. Wird der Mensch dagegen nicht geboren und versorgt, weil Frauen aufgrund der schlechten Bedingungen schlicht nicht mehr bereit dazu sind, stehen wir vor dem Aus. Höchste Zeit also, dass Politik, Gesellschaft und Ökonomie die weibliche Seite des Menschen in ihr Welt- und Wertesystem aufnehmen.

Herr Verlan, warum bewegt sich politisch nach wie vor so wenig in Bezug auf die Gleichstellung von Care-Arbeit und Erwerbsarbeit? Was müsste getan werden, um dies nachhaltig zu ändern?

„Das politische System reagiert sehr stark auf Druck von außen. Am deutlichsten wird das immer, wenn die Bahn oder die Fluggesellschaften bestreikt werden. Dann entsteht großer Aufruhr, sowohl medial als auch in der Politik. Wie ist umgekehrt die Berichterstattung, wenn in der Pflege ge-

streikt wird? Wie lange müssen Menschen in diesen Berufen auf die Straße gehen, um wahrgenommen zu werden? Dazu kommt, dass der streikende Pilot weiß, dass sein Protest maximal dazu führt, dass Menschen nicht zu ihren Terminen kommen. Die Pflegekraft aber sieht die Not ihrer Kolleg:innen oder auch Patient:innen, während sie auf die Straße geht. Das heißt, es ist im Kita- und Pflegebereich weit schwieriger, über längere Zeit massiven politischen Druck auszuüben. Und solange Politik darauf ausgerichtet ist, dass die Betroffenen schon laut genug rufen, wenn es ihnen nicht gut geht, wird sich daran nichts ändern. Pflegekräfte verlassen eher ihren Beruf, als dass sie auf die Straße gehen. Daher auch dieser schleichende Exodus aus der Pflege.

Warum das alles so hartnäckig ist? Tatsächlich haben über Jahre und Jahrzehnte Menschen Entscheidungen getroffen, die nie Care-Verantwortung übernommen haben. Und wir sind alle so verquickt in dieses System, dass es wirklich schwierig ist, da wieder herauszukommen. Den dringend notwendigen Systemwandel den Betroffenen zu überlassen, also den jungen Müttern, pflegenden Angehörigen und Pflegekräften, wird jedenfalls nicht funktionieren. Politik begnügt sich sehr gerne damit, Gesetze zu ändern. Gesetze sind ein erster wichtiger Schritt, der aber verlogen bleibt, solange Menschen nicht in die Lage versetzt werden, sie umzusetzen. Da müssen wir als Gesellschaft auf mehr Ehrlichkeit und Konsequenz pochen und Gesetze nicht als bloße Absichtserklärungen akzeptieren.

Die pragmatische Lösung ist vermutlich, dass wir einflussreiche Menschen als Fürsprecher:innen mit ins Boot holen und dadurch mehr Sichtbarkeit und Lautstärke erzielen. Vor kurzem gab es mal wieder die Diskussion um ein soziales Pflichtjahr für junge Menschen. Was mich an dieser Diskussion gestört hat, ist, dass das Pflichtjahr nur für junge Menschen gefordert wurde. Ich finde ein soziales Pflichtjahr im Sorgebereich sinnvoll, aber für alle Menschen, insbesondere jene in Macht- und Verantwortungspositionen. Und wer in dem Bereich noch nicht tätig war, sollte es dringend nachholen, denn mit Menschen, die ihr Leben lang keine Sorgeverantwortung übernehmen mussten, ist es tatsächlich sehr schwierig, Veränderungen zu erreichen. Fürsprache kommt von Leuten, die persönliche Erfahrungen mit Care-Arbeit gemacht haben.“

An Initiativen und Ideen zur Neukonzeption der Wirtschaft in eine nachhaltige und menschenwürdige Form mangelt es nicht. Gerade auch durch die Erfahrungen der Corona-Krise hat sich das öffentliche Bewusstsein für die fundamentale Bedeutung der un- und unterbezahlten Care-Arbeit noch einmal geschärft. Doch bisher hat das nicht gereicht, um Politiker:innen zum Umdenken zu bewegen und einen strukturellen Wandel herbeizuführen. Doch für die Lösung der Care-Krise reicht ein guter Wille nicht. Ähnlich wie bei der Klima-Krise überschreiten wir derzeit auch im Care-Bereich kritische Punkte, die unsere Gesellschaft als Ganzes bedrohen. Ohne Menschen, die uns versorgen, bricht das System zusammen – wir sind systemrelevant. Wenn wir uns darüber bewusst sind, ist es nur noch ein kleiner Schritt, um zu erkennen, welche Macht wir im Grunde haben. Mütter, pflegende Angehörige und Beschäftigte aus dem Care-Sektor müssen sich solidarisch miteinander verbinden, um gemeinsam Druck auf die Politik zu machen. Wir haben es selbst in der Hand, die vielfältigen Potenziale für breite Care-Allianzen zu nutzen, um die Gesellschaft auf einen fürsorglichen Weg zu bringen. Für uns und unsere Kinder.

Du willst als Mutter aktiv werden?

- Unterstütze deine Kinder dabei, ihren eigenen Weg zu gehen, jenseits gängiger Geschlechterklischees. Rege im Kindergarten oder in der Schule deines Kindes an, Rollenbilder in Form einer Projektwoche zum Thema zu machen. Informationen, die du an Erzieher:innen und Lehrkräfte weitergeben kannst, findest du zum Beispiel hier: www.rosa-hellblau-falle.de.
- Hinterfrage dein Bild von Haus-, Betreuungs-, Pflege- und Bildungsarbeit. Zeige Solidarität mit Gewerkschaften und Initiativen, die für eine Aufwertung von Care-Berufen kämpfen. Suche auch das Gespräch mit anderen Eltern. Bewusstsein ist der erste Schritt zu Veränderung.

Du möchtest (andere) Mütter unterstützen?

- Unterzeichne das Equal-Care-Manifest: www.equalcareday.de/manifest-kurzfassung.

- Engagiere dich bei Initiativen wie dem Equal-Care-Day www.equalcareday.de, indem du die Forderungen der Initiative publik machst oder den Verein klischee*esc. e.V. finanziell unterstützt.
- Informiere dich über bevorstehende Aktionstage und Projekte von Care-Initiativen in deiner Nähe.

Unsere Forderungen an die Politik:

- Die Care-Krise muss neben der Klima-Krise ganz oben auf die politische Agenda. Wir fordern einen Care-Gipfel.
- Care-Berufe müssen durch höhere Löhne und bessere Arbeitsbedingungen massiv aufgewertet werden.
- Eine Arbeitsmarkt- und Familienpolitik, die die Aufwertung und Gleichverteilung von unbezahlter Care-Arbeit zum Ziel hat.
- Die Thematisierung von Care-Arbeit und ihrer gesellschaftlichen Bedeutung im Rahmen der Curricula in Schulen und Bildungseinrichtungen.
- Eine Neuausrichtung der politischen Ökonomie, die das Wohl von Mensch und Natur in den Mittelpunkt stellt.

Diese Auflistung basiert unter anderem auf Forderungen der Equal Care Initiative und des DGB Frauen. Die Kontaktdaten der Initiativen findet ihr im Anhang.

Unsere Vision:

Eine mütter- und menschenfreundliche Gesellschaft

Das Verhältnis der Frauen zu Weiblichkeit und Mütterlichkeit war und ist eines der zentralen Themen des Feminismus. Dabei wird gerade das „Mütterthema" besonders emotional und kontrovers diskutiert. Schon 1987 forderte das „Müttermanifest",[113] das aus dem Bonner Kongress „Leben mit Kindern – Mütter werden laut" hervorging, eine Aufwertung der Haus- und Familienarbeit. Kritiker:innen sehen darin zum Teil bis heute das traditionelle Frauenbild der Hausfrau und Mutter gestärkt. Bei genauerer Betrachtung erweisen sich solche Befürchtungen allerdings als haltlos. Denn wer die soziale und wirtschaftliche Lage von Müttern verbessert, stärkt zugleich auch die Position von Frauen in der Gesellschaft insgesamt. Es geht nicht darum, Frauen eine Rolle zuzuweisen, sondern sie in jeder Hinsicht von Rollenzwängen zu befreien.

36 Jahre nach dem ersten Müttermanifest stehen wir heute zudem vor einer neuen Situation. Die Mutterrolle hat sich in den letzten Jahrzehnten stark verändert. Inzwischen geht die große Mehrheit der Mütter einem Beruf nach. Dank der feministischen Kämpfe wachsen Mädchen in der westlichen Welt heute mit dem Selbstverständnis auf, die gleichen Rechte und Chancen zu haben wie Jungen. Tatsächlich machen junge Frauen inzwischen im Schnitt öfter Abitur und beginnen häufiger ein Studium als junge Männer, wobei sie noch vor etwa 100 Jahren ganz von höherer Bildung ausgeschlossen waren. Doch die Gleichheit – und Gleichberechtigung – der Geschlechter findet spätestens dort ihre Grenzen,

wo Mädchen zu Frauen und Frauen zu Müttern werden. Das passiert ihnen ausgerechnet im mittleren Lebensabschnitt, der für eigene Karriereziele und finanzielle Unabhängigkeit der wichtigste ist. Im Ergebnis verdienen Frauen trotz höherer Bildungsabschlüsse noch immer 18 Prozent weniger als Männer. Auf Führungsebene schaffen es nur wenige Frauen – geschweige denn Frauen mit Kindern. Stattdessen arbeiten die meisten Mütter in Teilzeit, zerrissen zwischen den Ansprüchen eines Arbeitsmarktes, der umfassende Verfügbarkeit erwartet, und der Verantwortung innerhalb der Familie.

Die neue Mutterrolle sprengt ein System, das stark auf Gegensätzlichkeit ausgerichtet ist. Dass Familie und Ökonomie zwei unterschiedlichen Logiken folgen, scheint vermeintlich in der Natur der Dinge zu liegen. In Bereichen, in denen versucht wird, emotionale Zuwendung und Empathie mit der ökonomischen Logik des Kosten-Nutzen-Kalküls zu ersetzen, wird nicht selten die Würde des Menschen verletzt. Es kommt zu Vernachlässigung, Gewalt und Überforderung. Wir sehen diese Tendenzen in Einrichtungen öffentlicher Dienstleistungen. Gerade dort, wo beispielsweise Altenheime oder Krankenhäuser gewinnorientiert organisiert sind, werden Menschen aufgrund von Zeit- und Personalmangel oft kaum noch angemessen versorgt. Auch staatlich finanzierte Einrichtungen können aufgrund knapper Kassen und großer Personalnot ihren öffentlichen Auftrag nach Betreuung, Pflege und medizinischer Versorgung nicht ausreichend erfüllen. Liegt das Wohl des Menschen also in der, von der Öffentlichkeit abgetrennten, Familie? In der privaten und gänzlich unbezahlten Fürsorge ihrer Mitglieder? Muss Familie im Widerspruch zur Ökonomie stehen, damit diese funktioniert? Welche Auswirkungen hat das auf das Verhältnis zwischen den Geschlechtern?

Strukturen, die Gleichwertigkeit schaffen

Die Antwort auf die Frage der Gleichberechtigung liegt nach unserer Auffassung weit weniger in den Köpfen der Menschen, als angenommen wird. Natürlich hat Sozialisation einen Einfluss auf geschlechtsspezifische Vorlieben und Präferenzen. Das Problem von Geschlechterrollen sind allerdings nicht die Rollen an sich, sondern dass sie in männlich geprägten Strukturen nicht gleichwertig nebeneinanderstehen können. Zwischen ihnen existiert ein Machtungleichgewicht, das soziale, ökonomische und normative Auswirkungen auf die gesellschaftliche Stellung der Frau hat. Mehr unbewusst als bewusst folgen wir täglich einem von Männern für Männer kreierten (Werte-) System, in dem es Frauen grundsätzlich schwerer haben. Am deutlichsten zeigt sich das in der Arbeitswelt, die für Menschen, die schwanger werden, stillen und sich um andere sorgen, nicht geschaffen ist. Die Theorie unserer Wirtschaft ist nicht geschlechtslos, sondern folgt einer männlichen Logik, die die Familie höchstens als Ort des Konsums begreift. Tatsächlich aber ist familiäre Fürsorge eine

Hauptvoraussetzung unseres ökonomischen Systems. Denn ohne Nachwuchs und ohne die Sorge um ihn gäbe es keine Arbeitskräfte – die wichtigste Ressource der Wirtschaft. Schon jetzt spüren wir die wirtschaftlichen Folgen des demografischen Wandels aufgrund rückläufiger Geburtenraten.

Solange wir den Widerspruch zwischen Familie und Wirtschaft nicht strukturell lösen, bleibt die Frage von Gleichberechtigung reine Privatangelegenheit. Die gerechte Aufteilung von Arbeit innerhalb der Familie wird zur Aufgabe ihrer Mitglieder erklärt und die Verantwortung liegt hauptsächlich bei den Müttern selbst. Wir haben in diesem Buch einen anderen, zeitgemäßen, Ansatz verfolgt. Mütter und Väter wären längst in einer gleichberechtigten Position, innerhalb der Familie und innerhalb der Wirtschaft, würden beide Sphären einander nicht ausschließen. Was es dazu braucht, ist nicht weniger als ein grundlegender Strukturwandel und die Neuausrichtung der Ökonomie. Die Anpassung der Familie an die Ökonomie, dass wir Fürsorgetätigkeiten also systematisch outsourcen und bezahlen, kann nicht allein die Lösung sein. Was wir tatsächlich brauchen, ist die Anpassung der Ökonomie an die Bedürfnisse von Familien und die strukturelle Verbindung beider Sphären. Nicht die Familie muss unternehmenstauglich organisiert werden, sondern umgekehrt: Unternehmen und gesellschaftliche Strukturen müssen familientauglich werden. Schließlich führt die strukturelle Trennung der Familie von der Ökonomie zur Abwertung all jener, die unbezahlt Fürsorge übernehmen. Das ist der entscheidende Grund dafür, dass Frauen – und insbesondere Mütter – heute noch immer um Gleichberechtigung kämpfen müssen – privat ebenso wie beruflich und im öffentlichen Leben.

Was Mütter von Politik und Gesellschaft fordern

Als wir dieses Buch zu schreiben begonnen haben, haben wir uns die Frage gestellt, was Mütter brauchen, um ein gesundes, selbstbestimmtes und gleichberechtigtes Leben führen zu können. Aus unserer Analyse bringen wir die folgenden sechs Forderungen auf den Punkt:

- Mütter brauchen zunächst eine Geburtshilfe, die sie mit ihrem Kind ins Zentrum stellt. Deshalb fordern wir, das Nationale Gesundheitsziel „Gesundheit rund um die Geburt“ konsequent umzusetzen und damit die frau-zentrierte Geburt zum Standard zu machen. Vertrauen in die Fähigkeit der Frau, ihr Kind zu gebären, und die Ausrichtung der Geburtshilfe an den Bedürfnissen der werdenden Mutter stärkt Frauen und ihre Kinder und schafft damit eine wichtige Grundlage für sichere Bindung und die Stabilität von Familien. Wir fordern entsprechende Gesetzesvorlagen der

Regierungsparteien sowie die praktische Umsetzung der Forderungen durch Klinikleitungen, Krankenkassen und soziale Träger.

- Mütter und Väter verdienen auch in der Zeit nach der Geburt das Recht auf Unterstützung und Erholung. Gesunde Eltern sind die Voraussetzung für gesunde Kinder und damit letztlich für die Zukunft unserer Gesellschaft. Aus diesem Grund fordern wir, auch die Gesundheit von Sorgetätigen zum Nationalen Gesundheitsziel zu erklären, Unterstützungsstrukturen neu zu schaffen sowie bestehende Hilfsangebote zu erhalten und auszubauen. Hier sind neben den sozialen Trägern die Krankenversicherungen gefragt, die auf Angebote aufmerksam machen und die Kostenübernahme gewährleisten müssen. Darüber hinaus muss die Gesetzgebung die Rahmenbedingungen für Verhandlungen auf Augenhöhe zwischen Krankenkassen und Klinikträgern schaffen, indem sie zum Beispiel das Prinzip der dezentralen Selbstverwaltung und damit der individuellen Verhandlungen auf Landesebene außer Kraft setzt.
- Darüber hinaus müssen Wohn- und Lebensräume so gestaltet werden, dass Mütter in der Lage sind, Sorgearbeit zu teilen. Gemeinschaftliches Wohnen über die Kleinfamilie hinaus schafft Entlastung und Zusammengehörigkeitsgefühl. In der

Stadtplanung müssen die Bedürfnisse von Familien viel stärker berücksichtigt werden, zum Beispiel durch Gender Budgeting und gendergerechte Stadtplanung, die die Bedürfnisse aller Mitglieder einer Stadtgemeinschaft berücksichtigt. Hier sind vor allem Kommunen gefordert, die entsprechenden Angebote zu schaffen und zu finanzieren. Darüber hinaus fordern wir die Bundesregierung auf, Mehrgenerationenprojekte finanziell unbefristet zu fördern und den bürokratischen Aufwand für Neuanträge zu reduzieren.

- Außerdem fordern wir das Diskriminierungsmerkmal Elternschaft in das AGG aufzunehmen, um der massiven Benachteiligung von Sorgeleistenden am Arbeitsmarkt rechtlich etwas entgegenzusetzen. Wir fordern zudem, familienfreundliche Unternehmensstrukturen zum Standard zu machen und neue Arbeitszeitmodelle, die Sorgetätigkeiten nicht von vornherein ausschließen, gesetzlich zu etablieren. Hier sind neben der Gesetzgebung große Arbeitnehmer:innenverbände sowie die Unternehmensleitungen gefragt, um tatsächlich familienfreundliche Arbeitsbedingungen zu schaffen und Diskriminierung aufgrund von Elternschaft effektiv zu bekämpfen.
- Darüber hinaus fordern wir einen stärkeren Ausbau qualitativ hochwertiger öffentlicher Kinder-

betreuung und die effektive sozialstaatliche Hilfe von armutsgefährdeten Familien sowie die stärkere steuerrechtliche Förderung gleichberechtigter Familienmodelle. Hier sind neben den Kommunen auch die Regierungsparteien gefordert, um durch entsprechende Beschlüsse unter anderem eine funktionierende Kindergrundsicherung zu realisieren.

- Schließlich müssen Berufe aus dem Sorgebereich, in denen es einen extremen Fachkräftemangel gibt, durch höhere Löhne und bessere Arbeitsbedingungen massiv aufgewertet werden. Auch hier sind die Regierungen auf Bundes- und Landesebene gefragt, entsprechende Gesetzesvorlagen zu entwerfen und umzusetzen.
- Um dies alles erreichen zu können, brauchen wir Parität im Bundestag sowie in den Landtagen und auf kommunalpolitischer Ebene. Für die Berücksichtigung der Interessen von Müttern in politischen Entscheidungsprozessen ist zusätzlich eine Mütterquote in allen demokratischen Parteien und auf allen politischen Ebenen wünschenswert. Hier sind die Regierungsparteien gefragt, entsprechende Vorschläge einzubringen und umzusetzen.

Fürsorge als Leitprinzip

Mütter, Macht und Politik sind strukturell eng verbunden. Die Bedingungen, die für Mütter gelten, werfen ein Schlaglicht auf die vielfältigen Krisen und Herausforderungen, denen wir uns heute als Gesellschaft stellen müssen. Ausgrenzung und Diskriminierung von Müttern ist symptomatisch für ein System, das nie endendes wirtschaftliches Wachstum und die ökonomische Verwertbarkeit ihrer Mitglieder über das Wohl der Menschen stellt. Was Mütter – ja, alle Menschen, die für andere täglich sorgen – leisten, ist in einem System, das auf die Produktion und den Konsum von Gütern ausgerichtet ist, quasi wertlos. (Familiäre) Fürsorgearbeit wird lediglich insofern als relevant angesehen, als dass sie Erwerbsarbeit ermöglicht. Um dies zu ändern müssen grundlegende Machtstrukturen in Frage gestellt werden. Was wir heute brauchen, ist ein Wertewandel weg von eindimensionalem Wachstum, Konkurrenz, einer Ökonomisierung unserer Beziehungen und Wegwerf-Konsum – hin zur Wertschätzung des Einzelnen, unabhängig von seiner Kaufkraft und ökonomischen „Verwertbarkeit". Um der massiven Abwertung und Ausbeutung der (über-)lebensnotwendigen Sorgearbeit einerseits und unserer planetaren Ressourcen andererseits etwas entgegenzusetzen, brauchen wir eine care-zentrierte Neuausrichtung der Wirtschaft. Die in diesem Buch gestellten politischen Forderungen dienen also nicht nur der Gleichstellung, sondern sind zugleich

Fundament und Wegbereiter für eine gelingende sozial-ökologische Umwandlung unserer Gesellschaft.

Nicht zuletzt ist unser Buch als Aufruf zu verstehen: Mütter, macht Politik! Denn nur mit einem gemeinsamen politischen Bewusstsein können wir als Frauen und Mütter unsere Interessen gegen andere durchsetzen. Die Anregungen am Ende der Kapitel sehen wir als Impuls dazu. Tatsächlich zukunftsfähig werden wir als Gesellschaft nur, wenn wir erkennen, dass Fürsorge und Mitmenschlichkeit unsere wichtigsten Ressourcen sind. Als erwachsene Menschen sind wir zwar per se eigenständig, aber niemals autark. Für ein gutes Leben brauchen wir einander und eine Gesellschaft, die Fürsorge als Leitprinzip begreift. Stellen wir uns als Mütter also wieder dorthin, wo wir hingehören: in die Mitte der Gesellschaft.

Danksagung

Von den ersten Überlegungen für dieses Buch bis zur Veröffentlichung sind mehr als zwei Jahre vergangen. Eine intensive, bereichernde und zum Teil auch herausfordernde Zeit. Jetzt, nachdem unser Buch veröffentlicht ist und ihr es als Leserinnen und Leser in Händen haltet, spüren wir Aufregung, Freude und auch Dankbarkeit.

Mitte 2020 starteten wir unser Projekt mit der Absicht, ein Buch über die gesellschaftliche Stellung von Müttern in Deutschland zu schreiben. Unser Ziel: „Ein Buch schreiben, das Mütter stärkt!" Wir kannten uns bis dato als Autorinnen nur über die sozialen Medien, vermuteten aber bereits, dass wir uns gut ergänzen würden, einerseits aufgrund Sarahs Erfahrung als Journalistin und Buchautorin, andererseits durch Auras Expertise als Soziologin. In der intensiven Zusammenarbeit der nächsten zwei Jahre lernten wir uns noch weiter kennen und merkten, dass wir uns nicht nur auf fachlicher, sondern auch auf persönlicher Ebene sehr gut ergänzen. Für unser ehrgeiziges Projekt, neben Beruf und Familienalltag mit insgesamt vier Kindern im Kleinkind- bis Grundschulalter ein politisches Sachbuch zu schreiben, hätten wir uns keine bessere Partnerin wählen können.

Beide möchten wir uns außerdem bei den zwölf wunderbaren Inerviewpartner:innen bedanken, die dieses Buch mit ihrer Expertise bereichert und vervollständigt haben. Danke für eure – und Ihre – Offenheit und das Vertrauen in unser Vorhaben! Auch all den Autorinnen und Autoren, deren Bücher und Texte wir während unseres Schreibprozesses gelesen haben, möchten wir danken. Die Klugheit und der Wille zu gesellschaftlicher Veränderung, der in vielen Veröffentlichungen spürbar ist, haben uns darin bestärkt, dem Thema Mutterschaft als politisches Anliegen in unserem Buch Raum zu geben.

Ebenfalls danken möchten wir Gerit Sonntag als unserer Verlegerin, die ab der ersten Projektvorstellung an unser Buch geglaubt und uns bei dessen Umsetzung tatkräftig unterstützt hat. Sie hat einen großen Beitrag zur Vollendung dieses Buches geleistet.

Schließlich danken wir beide von Herzen unseren Müttern für ihren Zuspruch und ihre Art, unser Denken zu prägen. Für ihre Ermutigung und Unterstützung möchten wir zudem unseren Freundinnen und Freunden danken, die selbst Mütter oder Väter sind und wissen, wovon wir schreiben. Und natürlich möchten wir unseren Kindern danken, die uns die Perspektive als Mutter eröffnet haben.

Nicht zuletzt danken wir als Autorinnen auch euch, unseren Leserinnen und Lesern, dass ihr bis zu dieser Stelle „drangeblieben“ seid und uns euer Ohr für das wichtige Thema der Fürsorgearbeit und des Stellenwerts von Müttern innerhalb unserer Gesellschaft schenkt. Wir hoffen, ihr empfindet unser Buch als inspirierend und ermutigend, und freuen uns auf jeden Fall über eure Rückmeldungen, sei es über den Verlag, über eure Rezensionen oder Kommentare, gerne auch direkt an uns – oder im persönlichen Gespräch auf einer unserer Lesungen.

Und natürlich hoffen wir, ihr tragt über euer Handeln unsere Impulse und politischen Forderungen mit in die Welt. Für eine Gesellschaft, die Mütter in ihr Zentrum stellt und der Fürsorge für andere endlich den Stellenwert gibt, die sie verdient!

Herzlich

Sarah Zöllner (info@sarahzoellner.com)
Aura-Shirin Riedel (info@mamaundgesellschaft.de)

Anlaufstellen

Initiativen (alphabetisch)

- Bündnis Sorgearbeit – fair teilen: Initiative für die gerechte Verteilung von Sorgearbeit (www.sorgearbeit-fair-teilen.de)
- Care.Macht.Mehr: Initiative von internationalen Wissenschaftler:innen und Unterstützer:innen für die Aufwertung von Care-Arbeit (www.care-revolution.org)
- #elterngeldhoch: Initiative zur Erhöhung des Elterngeldes (www.instagram.com/petition.elterngeld.hoch/)
- Equal-Care-Day: Initiative für eine fürsorgliche Gesellschaft (www.equalcareday.de)
- #facesofmums: Plattform zum Austausch unter Müttern mit Ziel der Aufwertung von Care-Arbeit (www.facesofmums.de)
- Kidical Mass: Initiative für eine kinder- und lebensfreundliche Stadt (www.kinderaufsrad.org)
- Die Nationale Armutskonferenz (nak): Bündnis verschiedener Organisationen zur Armutsbekämpfung (www.nationale-armutskonferenz.de)
- #mutterschutzfueralle: Initiative, die den gesetzlichen Mutterschutz für Selbständige anstrebt (www.mutterschutzfueralle.de)
- #MütterMachtPolitik: Vernetzungs- und Aktionsplattform für Mütterinteressen (www.muetter-macht-politik.de)

- Petition „Gestaffelter Mutterschutz nach Fehlgeburten“: Initiative, die einen gestaffelten Mutterschutz für Frauen fordert, die vor der 24. SSW eine Fehlgeburt erleiden (www.openpetition.de/petition/online/gestaffeltermutterschutz-nach-fehlgeburten)
- #ParitätJetzt: Initiative für eine gleichberechtigte Teilhabe von Frauen in der Politik (www.paritaetjetzt.de)
- #Pinkstinks: Initiative, die Geschlechterrollen und -stereotypen hinterfragt (www.pinkstinks.de)
- #proparents: Initiative für die Aufnahme des Diskriminierungsmerkmals „Elternschaft“ ins AGG (www.proparentsinitiative.de)
- #vereinbarkeitjetzt: Initiative für die Vereinbarkeit von Familie und Beruf (www.vereinbarkeit.jetzt)

Frauenverbände (alphabetisch)

- Bundesverband der Mütterzentren (www.muetterzentren-bv.de)
- Deutscher Frauenrat (www.frauenrat.de)
- Deutscher Hebammenverband (www.hebammenverband.de)
- Deutscher Juristinnenbund (www.djb.de)
- DGB Frauen (www.frauen.dgb.de)
- Müttergenesungswerk (www.muettergenesungswerk.de)
- Verband berufstätiger Mütter: Informationen und Vernetzung für berufstätige Mütter (www.vbm-online.de)

Vereine und Netzwerke (alphabetisch)

- Amuvee: Info-Portal für Förderleistungen für Alleinerziehende (www.amuvee.de)
- Arbeitskreis Frauengesundheit in Medizin, Psychotherapie und Gesellschaft (AKF) e.V. (www.arbeitskreis-frauengesundheit.de)
- Care-Revolution: Deutsches Netzwerk zum Thema Care-Arbeit (www.care-revolution.org)
- CEDAW-Allianz Deutschland: 34 zivilgesellschaftliche Organisationen, die sich für die Umsetzung der UN-Frauenrechtskonvention CEDAW in Deutschland einsetzen (www.cedaw-alianz.de)
- Die MIAs: Mütterinitiative für Alleinerziehende (www.die-mias.de)
- Eidgenössische Kommission dini Mueter: Schweizer Mütterinitiative (www.ekdm.ch)
- Fair für Kinder: Netzwerk für die gerechte Behandlung von Alleinerziehenden in Deutschland (www.fairfuerkinder.de)
- Fair sorgen! Wirtschaften fürs Leben: Österreichisches Care-Bündnis (www.fairsorgen.at)
- Feministische Fakultät: Schweizer Verein zur Unterstützung und Förderung der Gleichstellung der Geschlechter (www.feministische-fakultaet.org)
- Generation CEO: Netzwerk führender Managerinnen (generation-ceo.com)

- Healthcare Frauen e.V.: Netzwerk für weibliche Führungskräfte im Gesundheitswesen (www.healthcare-frauen.de)
- Initiative Chef:innensache: Netzwerk für die Chancengleichheit von Frauen auf Führungsebene (www.chefinnensache.de)
- Kinderfreundliche Kommunen e.V.: Verein mit dem Ziel der Umsetzung von Kinderrechten in Kommunen (www.kinderfreundliche-kommunen.de)
- klische*esc e.V.: Verein, der sich für genderreflektierte Pädagogik und gegen enge Rollenbilder engagiert (www.klischeesc.de)
- Madame Moneypenny: Austausch- und Beratungsplattform für Frauen und Finanzen (www.madamemoneypenny.de)
- Mama Meeting: Netzwerk berufstätiger Mütter (www.mamameeting.de)
- Motherhood e.V. (www.mother-hood.de)
- Netzwerk Wissenschaft und Mutterschaft: Netzwerk für Mütter aus der Wissenschaft (www.mutterschaft-wissenschaft.de)
- Shia e.V.: Selbsthilfeinitiative Alleinerziehender (www.shia-berlin.de)
- Solomütter: Austausch- und Aktionsplattform für alleinerziehende Mütter (www.solomuetter.de)
- Stiftung Alltagsheldinnen: Gemeinnützige Stiftung für die Rechte von Alleinerziehenden (www.alltagsheldinnen.org)

- VAMV e.V.: Verband alleinerziehender Mütter und Väter (www.vamv.de)
- Verein für feministische Innenpolitik e.V. (i.G.): Verein mit dem Ziel, Themen rund um Frauenrechte, Diversität und Teilhabe politisch voranzubringen (www.feministische-innenpolitik.de)
- Terre des Femmes. Menschenrechte für die Frau e.V. (www.frauenrechte.de)
- WiC – Wirtschaft ist Care: Schweizer Verein zur Durchsetzung der Care-Ökonomie (www.wirtschaft-ist-care.org)
- WIR! Stiftung pflegender Angehöriger: Informations- und Aktionsplattform für pflegende Angehörige (www.wir-stiftung.org)

Literatur

(nach Veröffentlichungsdatum sowie alphabetisch)

1949-2019

- Simone de Beauvoir: „Das andere Geschlecht“ (Gallimard, 1949; dt. Erstveröffentlichung Rowohlt, 1951)
- Gisela Erler: „Das Müttermanifest. Thesenpapier 1987“ (Web-Archiv)
- Sarah Blaffer Hrdy: „Mütter und Andere: Wie die Evolution uns zu sozialen Wesen gemacht hat“ (Berlin Verlag, 2009)
- Jutta Allmendinger: „Verschenkte Potentiale? Lebensverläufe nicht erwerbstätiger Frauen“ (Campus Verlag, 2010)
- Gisela Notz: „Zum Begriff der Arbeit aus feministischer Perspektive“ (Emanzipation, Jg. 1, Nr. 1, Frühjahr 2011)
- Frigga Haug: „Die-vier-in-einem-Perspektive. Politik von Frauen für eine neue Linke“ (Argument Verlag, 2014)
- Ina Praetorius: „Wirtschaft ist Care: Die Wiederentdeckung des Selbstverständlichen“ (Publication Series on Economic and Social Issues, Band 16, HBS, 2015)
- Gabriele Winker: „Care Revolution: Schritte in eine solidarische Gesellschaft“ (Transcript, 2015)
- Katrine Marcal: „Machonomics: Die Ökonomie und die Frauen“ (Verlag C.H.Beck, 2016)

- Orna Donath: „Regretting Motherhood: Wenn Mütter bereuen“ (Knaus, 2016)
- Naomi Stadlen: "Was Mütter tun – besonders, wenn es wie nichts aussieht" (La Leche Liga Deutschland e.V., 2016)
- Miriam Irene Tazi-Preve: „Das Versagen der Kleinfamilie. Kapitalismus, Liebe und der Staat“ (Verlag Barbara Budrich, 2017)
- Rachel Cusk: "Lebenswerk" (Suhrkamp, 2019)

2020-2023

- Patricia Cammarata: „Raus aus der Mental-Load-Falle“ (Beltz, 2020)
- Caroline Criado-Perez: „Unsichtbare Frauen: Wie eine von Daten beherrschte Welt die Hälfte der Bevölkerung ignoriert“ (btb, 2020)
- Sarah Czerney, Lena Eckert, Silke Martin (Hrsg.): „Mutterschaft und Wissenschaft: Die (Un-) Vereinbarkeit von Mutterschaft und wissenschaftlicher Tätigkeit“ (Springer, 2020)
- Jacinta Nandi: „Die schlechteste Hausfrau der Welt: Ein Erfahrungsbericht und Manifest“ (Edition Nautilus, 2020)
- Almut Schnerring und Sascha Verlan: „Equal Care: Über Fürsorge und Gesellschaft“ (Verbrecher, 2020)
- Jutta Allmendinger: „Es geht nur gemeinsam: Wie wir endlich Geschlechtergerechtigkeit erreichen“ (Ullstein, 2021)
- Rona Duwe: „Mutterwut. Muttermut“ (BoD, 2021)

- Mareice Kaiser: „Das Unwohlsein der modernen Mutter“ (Rowohlt Polaris, 2021)
- Nicole Noller, Natalie Stanczak: „Bis eine* weint: Ehrliche Interviews mit Müttern zu Gleichberechtigung, Care-Arbeit und Rollenbildern (Palomaa Publishing, 2021)
- Franziska Schutzbach: „Die Erschöpfung der Frauen: Wider die weibliche Verfügbarkeit“ (Droemer, 2021)
- Gabriele Winker: „Solidarische Care-Ökonomie: Revolutionäre Realpolitik für Care und Klima“ (Transcript, 2021)
- Lisa Yashodhara Haller und Alicia Schlender (Hrsg.): „Handbuch Feministische Perspektiven auf Elternschaft“ (Barbara Budrich, 2021)
- Linda Biallas: „Mutter, schafft: Die Roller der Mutter im Kapitalismus und Patriarchat: ein Aufruf zur Revolution“ (Haymon, 2022)
- Teresa Bücker: „Alle Zeit: Eine Frage von Macht und Freiheit“ (Ullstein, 2022)
- Sarah Czerney, Lena Eckert, Silke Martin (Hrsg.): „Mutterschaft und Wissenschaft in der Pandemie: (Un-) Vereinbarkeit zwischen Kindern, Care und Krise“ (Barbara Budrich, 2022)
- Susanne Garsoffky, Britta Sembach: „Die Kümmerfalle: Kinder, Ehe, Pflege, Rente – Wie die Politik Frauen seit Jahrzehnten verrät“ (DVA, 2022)
- Jana Heinicke: „Aus dem Bauch heraus: Wir müssen über Mutterschaft sprechen“ (Goldmann, 2022)

- Lisa Jaspers, Silvie Horch, Naomi Ryland (Hrsg.): „Unlearn Patriarchy“ (Ullstein, 2022)
- Nathalie Klüver: „Deutschland, ein kinderfeindliches Land? Worunter Familien leiden und was sich ändern muss“ (Kösel, 2022)
- Gabrielle Palmer: "Warum Stillen politisch ist" (Magas Verlag, 2022)
- Sandra Runge, Karline Wenzel: „Glückwunsch zum Baby, Sie sind gefeuert! Diskriminierung von Eltern im Job: Fallgeschichten von Betroffenen und Lösungsansätze“ (Eden Books, 2022)
- Alexandra Zykonov: „Wir sind doch alle längst gleichberechtigt! 25 Bullshitsätze und wie wir sie endlich zerlegen“ (Ullstein, 2022)
- Anne Dittmann: „Solo, selbst & ständig: Was Alleinerziehende wirklich brauchen“ (Kösel, 2023)
- Sevda Evcil und Alicia Schlender: „Elternschaft rechtlich neu denken: Mitmutterschaft, Verantwortungsgemeinschaft und Kleines Sorgerecht“ (Paper der Heinrich-Böll-Stiftung, 2023)
- Johanna Fröhlich Zapata: „Das Buch, das du gelesen haben solltest, bevor du Mutter wirst“ (Gräfe & Unzer, 2023)
- Heide Lutosch: „Kinderhaben“ (Matthes & Seitz Berlin, 2023)
- Uta Meier-Gräwe, Ina Praetorius: „Um-Care: Wie Sorgearbeit die Wirtschaft revolutioniert“ (Patmos, 2023)

- Uta Meier-Gräwe, Ina Praetorius, Feline Tecklenburg (Hrsg): Wirtschaft neu ausrichten. Care-Initiativen in Deutschland, Österreich und der Schweiz“ (Verlag Barbara Budrich, 2023)
- Susanne Mirau: „Füreinander sorgen: Warum unsere Gesellschaft ein neues Miteinander braucht“ (Rowohlt Polaris, 2023)
- Christina Mundlos: „Mütter klagen an. Institutionelle Gewalt gegen Frauen und Kinder im Familiengericht“ (Büchner, 2023)
- Dr. Susan Niemeyer, Cornelia Wanke (Hrsg): „Mission Possible: Gemeinsam für Gleichberechtigung“ (medhochzwei, 2023)
- Annika Rösler, Evelyn Höllrigl Tschaikner: „Mythos Mutterinstinkt. Wie moderne Hirnforschung uns von alten Rollenbildern befreit und Elternschaft neu denken lässt“ (Kösel, 2023)

Quellenverzeichnis

Interview mit Ulrike Geppert-Orthofer

[1] Roses Revolution Deutschland – Rosenreport 2021: https://www.rosesrevolutiondeutschland.de/Roses-Revolution-Day/Statistik/Rosenreport-2021/index.php/ (22.04.23).

[2] Hertle, D. et al. (2021) „Es ist nicht egal, wie wir geboren werden und wie Frauen gebären. Ein Plädoyer für einen Kulturwandel in der geburtshilflichen Versorgung" In: Gesundheitswesen aktuell 2021: https://www.barmer.de/resource/blob/1031946/f19093d4cbbceeb828b8c2a61f94ca4f/bifg-gw-aktuell-2021-es-ist-nicht-egal-wie-wir-geboren-werden-und-wie-frauen-gebaeren-data.pdf (22.04.23).

[3] Hoffmann, L. und Banse, R. (2021) „Psychological aspects of childbirth: Evidence for a birth-related mindset" In: European Journal of Social Psychology, 51 (1). S. 124–151.

[4] Hertle, D. et al. (2021) „Es ist nicht egal, wie wir geboren werden und wie Frauen gebären. Ein Plädoyer für einen Kulturwandel in der geburtshilflichen Versorgung" In: Gesundheitswesen aktuell 2021: https://www.barmer.de/resource/blob/1031946/f19093d4cbbceeb828b8c2a61f94ca4f/bifg-gw-aktuell-2021-es-ist-nicht-egal-wie-wir-geboren-werden-und-wie-frauen-gebaeren-data.pdf (22.04.23).

[5] Sayn-Wittgenstein, F. (2011) „Natürliche Geburt in der Klinik – ganz ohne Arzt – Hebammenkreißsäle machen es möglich" In: Gesundheitsforschung des Bundesministeriums für Bildung und Forschung: https://www.gesundheitsforschung-bmbf.de/de/naturliche-geburt-in-der-klinik-ganz-ohne-arzt-hebammenkreiss-sale-machen-es-moglich-2738.php (22.04.23).

[6] Schwarz, C. (2008) „Entwicklung der geburtshilflichen Versorgung – am Beispiel geburtshilfliche Interventionsraten 1984-1999 in Niedersachsen." TU Berlin, S. 172.

[7] DHZ: „Erhöhte Kaiserschnittraten im Jahr 2020 – vor allem im Lockdown“: https://www.dhz-online.de/news/detail/artikel/erhoehte-kaiserschnittrate-im-jahr-2020-vor-allem-im-lockdown/ (22.04.23).

[8] Science Media Center (2020) „Erste S3-Leitlinie Kaiserschnitt – Hintergrund und regionale Datenanalyse“: https://www.sciencemediacenter.de/alle-angebote/investigative/details/news/erste-s3-leitlinie-kaiserschnitt-hintergrund-und-regionale-datenanalyse/ (22.04.23).

[9] Statista (2022)„Ausgaben für Schwangerschaft und Mutterschaft der gesetzlichen Krankenversicherung (GKV) bis 2021“: https://de.statista.com/statistik/daten/studie/155807/umfrage/gkv-ausgaben-fuer-schwangerschaft-und-mutterschaft-seit-2004/ (22.04.23).

[10] Seelbach-Göbel, B. (2018) „Die Probleme mit der Geburtshilfe in Krankenhäusern außerhalb der Zentren“ In: BLAEK Geburtshilfe: https://www.bayerisches-aerzteblatt.de/fileadmin/aerzteblatt/ausgaben/2018/06/einzelpdf/BAB_6_2018_326_327.pdf (22.04.23).

[11] Albrecht et al. (2019) „Bestandsaufnahme in der Hebammenversorgung: Befragung aller Kliniken mit Geburtshilfe“ In: Bestandsaufnahme in der Hebammenversorgung – Befragung aller Kliniken mit Geburtshilfe: https://www.iges.com/kunden/gesundheit/forschungsergebnisse/2019/hebammenbefragung/index_ger.html (22.04.23).

[12] Ebd.

Interview mit Yvonne Bovermann

[13] Schutzbach, Franziska „Die Erschöpfung der Frauen: Wider die weibliche Verfügbarkeit“ (Droemer, 2021).

[14] Hapke et al. (2013) „Chronischer Stress bei Erwachsenen in Deutschland – Ergebnisse der Studie zur Gesundheit Erwachsener in Deutschland (DEGS1)“ In: Bundesgesundheitsblatt 2013, 56, S. 749-754: https://edoc.rki.de/bitstream/handle/176904/1503/21xYyCjlzhAzM.pdf?sequence=1&isAllowed=y (22.04.23) .

[15] Ebd.

[16] Sommer et al. (2020) „Studie zur Untersuchung der Bedarfe von Müttern/Vätern und pflegenden Frauen und Männern (mit und ohne Kinder im Haushalt) in Vorsorge- und Reha-Maßnahmen in Einrichtungen des Müttergenesungswerkes": http://www.forum-gesundheitspolitik.de/dossier/PDF/MGW_Abschlussbericht_InterVal_BIAG_n210614n.pdf (22.04.23).

[17] Hapke et al. (2013) „Chronischer Stress bei Erwachsenen in Deutschland – Ergebnisse der Studie zur Gesundheit Erwachsener in Deutschland (DEGS1)" In: Bundesgesundheitsblatt 2013, 56, S. 749-754: https://edoc.rki.de/bitstream/handle/176904/1503/21xYyCjlzhAzM.pdf?sequence=1&isAllowed=y (22.04.23).

[18] Rattay et al. (2017) „Gesundheit von alleinerziehenden Müttern und Vätern" In: Journal of Health Monitoring · 2017 2(4): https://www.rki.de/DE/Content/Gesundheitsmonitoring/Gesundheitsberichterstattung/GBEDownloadsJ/Focus/JoHM_04_2017_Gesundheit_Alleinerziehender.pdf?__blob=publicationFile (22.04.23).

[19] Bücker, Teresa (2022) „Ist es radikal, ein Recht auf Erholung zu fordern?" In: SZ-Magazin, 08.02.22: https://sz-magazin.sueddeutsche.de/freie-radikale-die-ideenkolumne/corona-stress-erschoepfung-erholung-eltern-91221 (22.04.23).

Interview mit Ute Latzel

[20] Barschkett, M. et al. (2022) „Oma und Opa gefragt? Veränderungen in der Enkelbetreuung. Wohlbefinden von Eltern - Wohlergehen von Kindern" Bundesinstitut für Bevölkerungsforschung: https://www.bib.bund.de/Publikation/2022/Oma-und-Opa-gefragt-Veraenderungen-in-der-Enkelbetreuung-Wohlbefinden-von-Eltern-Wohlergehen-von-Kindern.html?nn=1219558. (22.04.23). Siehe hierzu auch die anthropologische Grundlagenforschung von Sarah Blaffer Hrdy (Mütter und andere, 2009).

[21] Statista (2022) „Eheschließungen in Deutschland bis 2021": https://de.statista.com/statistik/daten/studie/1323/umfrage/eheschliessungen-in-deutschland/ (22.04.23).

[22] Heinrich Böll Stiftung „Elternschaft rechtlich neu denken: Mitmutterschaft, Verantwortungsgemeinschaft und Kleines Sorgerecht“: https://www.boell.de/sites/default/files/2023-05/e-paper-gwi-elternschaft-rechtlich-neu-denken.pdf (27.05.23).

[23] BiB (2022) „Zahl der Privathaushalte und durchschnittliche Haushaltsgröße in Deutschland (1871-2021)“: https://www.bib.bund.de/DE/Fakten/Fakt/L49-Privathaushalte-Haushaltsgroesse-ab-1871.html (22.04.23).

[24] Hochgürtel & Sommer (2021) „Datenreport. Familie, Lebensformen und Kinder“: https://www.destatis.de/DE/Service/Statistik-Campus/Datenreport/Downloads/datenreport-2021-kap-2.pdf?__blob=publicationFile (22.04.23).

[25] Statistisches Bundesamt (2016) Pressebroschüre „Zusammenleben von Generationen“: https://www.destatis.de/DE/Presse/Pressekonferenzen/2016/Zusammenleben-Generationen/presse-broschuere-generationen.pdf?__blob=publicationFile (22.04.23).

[26] Tesch-Römer & Engstler (2020) „Wohnsituation der Menschen ab 65 Jahren: Mit Angehörigen, allein oder im Pflegeheim“: https://www.ssoar.info/ssoar/bitstream/handle/document/67216/ssoar-2020-tesch-romer_et_al-Wohnsituation_der_Menschen_ab_65.pdf (01.05.23).

[27] Lutz, Martin „Zahl der Opfer häuslicher Gewalt steigt um sechs Prozent“ Welt.de, 08.05.21: https://www.welt.de/politik/deutschland/article230983679/Zahl-der-Opfer-haeuslicher-Gewalt-steigt-um-sechs-Prozent.html (01.05.23).

[28] Pressemittelung der TU München „Häusliche Gewalt während der Corona-Pandemie“: https://www.tum.de/aktuelles/alle-meldungen/pressemitteilungen/details/36053 (01.05.23).

29 „Istanbul-Konvention“, Info-Text auf: institut-fuer-menschenrechte.de: https://www.institut-fuer-menschenrechte.de/menschenrechtsschutz/europarat/menschenrechtsabkommen-des-europarats/istanbul-konvention (01.05.23).

[30] Website One Billion Rising (www.onebillionrising.de), 08.12.21.

[31] Website Terres des femmes „Ursachen häuslicher Gewalt“: (www.frauenrechte.de), 08.12.21.

[32] Panova et al. (2017) „Analysen zur Zeitverwendung in Deutschland": https://www.destatis.de/DE/Themen/Gesellschaft-Umwelt/Einkommen-Konsum-Lebensbedingungen/Zeitverwendung/Publikationen/Downloads-Zeitverwendung/tagungsband-wie-die-zeit-vergeht-5639103169004.pdf?__blob=publicationFile (22.04.23).

[33] Statistisches Bundesamt (2022) „Zeitverwendungserhebung (ZVE)": https://www.destatis.de/DE/Themen/Gesellschaft-Umwelt/Einkommen-Konsum-Lebensbedingungen/Zeitverwendung/Methoden/zeitverwendung.html (22.04.23).

[34] Panova et al. (2017) „Analysen zur Zeitverwendung in Deutschland": https://www.destatis.de/DE/Themen/Gesellschaft-Umwelt/Einkommen-Konsum-Lebensbedingungen/Zeitverwendung/Publikationen/Downloads-Zeitverwendung/tagungsband-wie-die-zeit-vergeht-5639103169004.pdf?__blob=publicationFile (22.04.23).

[35] Ebd.

[36] Barschkett, M. et al. (2022) „Oma und Opa gefragt? Veränderungen in der Enkelbetreuung. Wohlbefinden von Eltern - Wohlergehen von Kindern": Broschüre des Bundesinstituts für Bevölkerungsforschung: https://www.bib.bund.de/Publikation/2022/Oma-und-Opa-gefragt-Veraenderungen-in-der-Enkelbetreuung-Wohlbefinden-von-Eltern-Wohlergehen-von-Kindern.html?nn=1219558 (22.04.23)

[37] Ebd.

[38] Ebd.

[39] Ebd.

[40] Ornig & Kraft (2021) „Evaluationen im Bundesprogramm Mehrgenerationenhaus: Abschlussbericht": https://www.mehrgenerationenhaeuser.de/fileadmin/Daten/01_Aktuelles/InterVal_2021_Evaluation_Bundesprogramm_Mehrgenerationenhaus_Abschlussbericht_BF.pdf (22.04.23).

Interview mit Dr. Mary Dellenbaugh-Losse

[41] Statistisches Bundesamt (2022) „10,5 % der Bevölkerung in Deutschland lebten 2021 in überbelegten Wohnungen": https://www.destatis.de/DE/Presse/Pressemitteilungen/2022/11/PD22_N067_63.html (22.04.23).

[42] Homepage Stadt Wien „Handbuch Gender Mainstreaming in der Stadtplanung und Stadtentwicklung": https://www.wien.gv.at/stadtentwicklung/grundlagen/gender/index.html (22.04.23).

[43] Homepage Stadt Wien „Geschlechtergerechte Stadtplanung und Stadtentwicklung": https://www.wien.gv.at/menschen/frauen/stichwort/wohnen/geschlechtergerechte-stadtplanung.html (22.04.23).

[44] Wikipedia „Gender Mainstreaming": https://de.wikipedia.org/wiki/Gender-Mainstreaming (22.04.23).

[45] Gleichstellungsbericht (2017). Themenblatt 8: Strukturen und Instrumente zur Umsetzung von Gleichstellung: https://www.gleichstellungsbericht.de/de/topic/24.themenblätter-zum-bericht.html (22.04.23).

[46] Riedel, A. (2022) „Gender Budgeting. Wo das Geld (nicht) hinfließt": https://www.mamaundgesellschaft.de/2022/07/04/gender-budgeting-wo-das-geld-nicht-hin-fliesst/ (22.04.23).

[47] Dellenbaugh-Losse et al. (2022) „Gender Equal Cities 2022 Report": https://urbact.eu/gender-equal-cities-report-2022 (22.04.23).

Interview mit Cornelia Spachtholz

[48] Institut der deutschen Wirtschaft (2021) „In der Familienpolitik haben andere Länder die Nase vorn": https://www.iwd.de/artikel/bei-der-familienpolitik-haben-andere-laender-die-nase-vorn-526779/ (22.04.23).

[49] Hochgürtel & Sommer (2021) Familien und ihre Strukturen: Datenreport der Bundeszentrale für politische Bildung: https://www.bpb.de/kurz-knapp/zahlen-und-fakten/datenreport-2021/familie-lebensformen-und-kinder/329561/familien-und-ihre-strukturen/ (22.04.23).

[50] Geis-Thöne, W. (2021) „Mütter haben unterschiedliche Erwerbswünsche und erwerbsbezogene Normen“ In: IW-Report 28: https://www.iwkoeln.de/studien/wido-geis-thoene-muetter-haben-unterschiedliche-erwerbswuensche-und-erwerbsbezogene-normen.html (22.04.23).

[51] Ebd.

[52] Kramer, Bernd „Studie: Warum viele Mütter nicht arbeiten – obwohl sie wollen“ SZ.de, 11.08.21: https://www.sueddeutsche.de/wirtschaft/muetter-erwerbstaetigkeit-teilzeit-1. 5378774 (22.04.23).

[53] Hochgürtel & Sommer (2021) Familien und ihre Strukturen: Datenreport der Bundeszentrale für Politische Bildung: https://www.bpb.de/kurz-knapp/zahlen-und-fakten/datenreport-2021/familie-lebensformen-und-kinder/329561/familien-und-ihre-strukturen/ (22.04.23).

[54] Kohlrausch & Hövermann (2022) „Der Vertrauensverlust der Mütter in der Pandemie“ In: WSI-Report Nr. 76: https://www.boeckler.de/de/faust-detail.htm?sync_id=HBS-008274 (22.04.23).

[55] Balzer, Vladimir „Bringt Corona Frauen an den Herd? Wo bleibt die Geschlechtergerechtigkeit?“ Deutschlandfunkkultur.de, 16.01.21: https://www.deutschlandfunkkultur.de/bringt-corona-frauen-an-den-herd-wo-bleibt-die-100.html (01.05.23)

[56] Antidiskriminierungsstelle (2021) „Vierter Gemeinsamer Bericht“: https://www.antidiskriminierungsstelle.de/DE/was-wir-machen/bericht-an-den-bundestag/vierter-bericht/vierter-bericht-an-den-bundestag-node.html (22.04.23)

[57] Mohr et al. (2022) „Diskriminierungserfahrungen von fürsorgenden Erwerbstätigen“: https://www.antidiskriminierungsstelle.de/SharedDocs/forschungsprojekte/DE/Studie_DiskrErf_fuersorgender_Erwerbstaetiger.html (22.04.23).

[58] Runge, Sandra (2022) Eckpunktepapier: #Proparents-Initiative: https://proparentsinitiative.de/ (22.04.23).

[59] Simon Sales Prado: "Das ist kein Minderheitengesetz" (Süddeutsche Zeitung, 18.07.23: www.suedeutsche.de/politik/agg-gleichberechtigung-ferda-ataman-1.6041880 (26.07.23).

[60] Pfahl, S. & Unrau, E. (2022) „Erfahrungen mit dem Mutterschutz am Arbeitsplatz“, Berlin: SowiTra, S. 61ff: https://frauen.dgb.de/themen/++co++b7941256-e649-11ec-b8e3-001a4a160123 (01.05.21).

[61] „Mutterschutz in Bedrängnis“ Pressemitteilung des DGB, 07.06.22: https://www.dgb.de/themen/++co++5d65518c-e662-11ec-bf84-001a4a160123 (22.04.23).

[62] „Elternschaft und Arbeit: Mütter als Störfaktor“ taz.de: https://taz.de/Elternschaft-und-Arbeit/!5781950/ (22.04.23).

[63] Kaiser, Mareice: „Politik ist elternfeindlich“ editionf.com: https://editionf.com/politik-ist-elternfeindlich/ (22.04.23).

[64] „Gender-Bias in der Wissenschaft: Warum scheiden so viele Frauen vorzeitig aus Führungspositionen aus?“ jmwiarda.de: https://www.jmwiarda.de/2022/06/27/gender-bias-in-der-wissenschaft-warum-scheiden-so-viele-frauen-vorzeitig-aus-führungspositionen-aus/(22.04.23).

[65] Glaubitz & Böhnke (2022) „Wer gewinnt? Wer verliert?“ Bertelsmann-Stiftung: https://www.bertelsmann-stiftung.de/de/publikationen/publikation/did/wer-gewinnt-wer-verliert-all-1 (22.04.23).

[66] Deutsche Rentenversicherung „FAQs: Verbesserte Anrechnung von Kinderziehungszeiten“: https://www.deutsche-rentenversicherung.de/DRV/DE/Rente/Allgemeine-Informationen/Wissenswertes-zur-Rente/FAQs/Rente/Muetterrente_KEZ/KEZ.html (22.04.23).

Interview mit Anna Yona und Scarlett Faißt

[67] Pressestelle der Antidiskriminierungsstelle des Bundes (2022). Antwort auf eigene Nachfrage.

[68] Prognos (2022) „Fachkräftesicherung durch die Vereinbarkeit von Familie und Beruf" prognos.com: https://www.prognos.com/de/projekt/fachkraeftesicherung-durch-die-vereinbarkeit-von-familie-und-beruf (22.04.23).

[69] Allbright-Stiftung (2020) „Die deutschen Familienunternehmen: Traditionsreich und frauenarm": https://www.allbright-stiftung.de/familienunternehmen2020 (22.04.23).

[70] Zenger & Folkman (2019) „Research: Women Score Higher Than Men in Most Leadership Skills" hbr.org: https://hbr.org/2019/06/research-women-score-higher-than-men-in-most-leadership-skills?utm_medium=social&utm_campaign=hbr&utm_source=linkedin&tpcc=orgsocial_edit (22.04.23).

Interview mit Anja Weusthoff und Silke Raab

[71] DGB Frauen „Was verdient die Frau? Wirtschaftliche Unabhängigkeit!" https://www.was-verdient-die-frau.de/ (22.04.23).

[72] BMFSFJ (2019) „Gender Care Gap – ein Indikator für die Gleichstellung"; https://www.bmfsfj.de/bmfsfj/themen/gleichstellung/gender-care-gap/indikator-fuer-die-gleichstellung/gender-care-gap-ein-indikator-fuer-die-gleichstellung-137294 (22.04.23).

[73] DIW Berlin (2023) „Gender Pay Gap und Gender Care Gap steigen bis zur Mitte des Lebens stark an": https://www.diw.de/de/diw_01.c.867356.de/publikationen/wochenberichte/2023_09_1/gender_pay_gap_und_gender_care_gap_steigen_bis_zur_mitte_des_lebens_stark_an.html (22.04.23).

[74] Oxfam (2020): „Im Schatten der Profitec; https://www.oxfam.de/system/files/2020_oxfam_ungleichheit_studie_deutsch_schatten-der-profite.pdf (22.04.23).

[75] Ebd.

[76] Grimshaw & Rubery (2015) „The motherhood pay gap: A review of the issues, theory and international evidence", ILO Working Paper.

[77] Lott & Eulgem (2019) „Lohnnachteile durch Mutterschaft. Helfen flexible Arbeitszeiten?" WSI-Report 9/2019: https://www.boeckler.de/pdf/p_wsi_report_49_2019.pdf (22.04.23).

[78] Wikipedia „Gebundene Ganztagsschule": https://de.wikipedia.org/wiki/Gebundene_Ganztagsschule (22.04.23).

[79] Bönke et al. (2020) „Wer gewinnt? Wer verliert?" Bertelsmann-Stiftung: https://www.bertelsmann-stiftung.de/de/publikationen/publikation/did/wer-gewinnt-wer-verliert-2020 (22.04.23)

[80] BMFSFJ (2016) „Dauerhaft ungleich – berufsspezifische Lebenserwerbseinkommen von Frauen und Männern in Deutschland": https://www.bmfsfj.de/resource/blob/113474/cfb3b8047964183010cc5c9e2ae48c2b/dauerhaft-ungleich-berufsspezifische-lebenserwerbseinkommen-von-fauen-und-maennern-in-deutschland-data.pdf (22.04.23).

[81] IWD (2020) „Gender Pension Gap in Deutschland besonders groß": https://www.iwd.de/artikel/gender-pension-gap-in-deutschland-besonders-gross-462565/ (22.04.23).

[82] WSI (2022) „Durchschnittliche Rentenhöhe von Frauen und Männern 2021": https://www.wsi.de/de/einkommen-14619-durchschnittlicher-rentenzahlbetrag-von-frauen-und-maennern-14916.htm (22.04.23).

[83] Tagesschau.de „Frauen in Deutschland sind deutlich stärker von Altersarmut bedroht": https://www.tagesschau.de/wirtschaft/verbraucher/alterseinkuenfte-frauen-gender-pension-gap-101.html (27.06.23).

[84] Paritätische (2022) „Zwischen Pandemie und Inflation: Paritätischer Armutsbericht 2022": https://www.der-paritaetische.de/fileadmin/user_upload/Fachinfos/doc/broschuere_armutsbericht-2022_aufl2_web.pdf (22.04.23).

Interview mit Daniela Jaspers

85 Bertelsmann Stiftung (2023) „Neue Zahlen zur Kinder- und Jugendarmut: Jetzt braucht es die Kindergrundsicherung" bertelsmann-stiftung.de: https://www.bertelsmann-stiftung.de/de/themen/aktuelle-meldungen/2023/januar/neue-zahlen-zur-kinder-und-jugendarmut-jetzt-braucht-es-die-kindergrundsicherung (22.04.23).

86 https://www.fuldainfo.de/armutsrisiko-fuer-kinder-und-alleinerziehende-erreicht-hoechststand/ (28.05.23)

87 Paritätische (2023) „Broschüre Armutsbericht 2022": https://www.der-paritaetische.de/fileadmin/user_upload/Fachinfos/doc/broschuere_armutsbericht-2022_aufl2_web.pdf (22.04.23).

88 Statistisches Bundesamt (2022) „Schwellenwert für Armutsgefährdung in Deutschland und Ländern Europas 2021": https://de.statista.com/statistik/daten/studie/156433/umfrage/schwellenwert-fuer-armutsgefaehrdung-in-deutschland-und-der-eu/ (22.04.23).

89 Paritätische (2023) „Broschüre Armutsbericht 2022": https://www.der-paritaetische.de/fileadmin/user_upload/Fachinfos/doc/broschuere_armutsbericht-2022_aufl2_web.pdf (22.04.23).

90 Bönke et. al (2022) „Wer gewinnt? Wer verliert?" Bertelsmann-Stiftung: https://www.bertelsmann-stiftung.de/de/publikationen/publikation/did/wer-gewinnt-wer-verliert-all-1 (22.04.23).

91 DIW (2023) „Ehegattensplitting" https://www.diw.de/de/diw_01.c.411706.de/ehegattensplitting.html (22.04.23).

92 Wikipedia (2023) Ehegattensplitting: https://de.wikipedia.org/wiki/Ehegattensplitting (22.04.23).

93 Nationale Armutskonferenz (2017) „Armutsrisiko Geschlecht: Armutslagen von Frauen in Deutschland": https://www.nationale-armutskonferenz.de/wp-content/uploads/2017/11/NAK_Armutsrisiko-Geschlecht.pdf (22.04.23).

94 Ebd.

[95] Bertelsmann-Stiftung (2022) „2023 fehlen in Deutschland rund 384.00 Kita-Plätze: https://www.bertelsmann-stiftung.de/de/themen/aktuelle-meldungen/2022/oktober/2023-fehlen-in-deutschland-rund-384000-kita-plaetze (22.04.23).

[96] VamV e.V. et al (09.11.21) „8 Kernforderungen zu den Koalititonsverhandlungen": https://app.box.com/s/gn4a9fh1ed-74qv8u7rw76l7sr4lapumq/file/882787159420 (22.04.23).

Interview mit Prof. Dr. Bettina Kohlrausch

[97] Wikipedia (2023) „Frauengold": https://de.wikipedia.org/wiki/Frauengold (22.04.23).

[98] Diabaté (2021) „Leitbilder zu Mutterschaft und Vaterschaft in Deutschland" Datenreport der Bundeszentrale für politische Bildung, bpb.de: https://www.bpb.de/kurz-knapp/zahlen-und-fakten/datenreport-2021/werte-und-einstellungen/330298/leitbilder-zu-mutterschaft-und-vaterschaft-in-deutschland/ (22.04.23).

[99] Diabaté (2021) „Geschlechtliche Aufgabenteilung im Zeitverlauf" (Datenreport der Bundeszentrale für politische Bildung bpb.de: https://www.bpb.de/kurz-knapp/zahlen-und-fakten/datenreport-2021/werte-und-einstellungen/330293/geschlechtliche-aufgabenteilung-im-zeitverlauf/ (22.04.23).

[100] HDI Berufe-Studie 2022: https://www.berufe-studie.de/2022_01-kernergebnisse.html (22.04.23).

[101] ver.di (2019) „Ergebnisse der Arbeitszeitumfang": https://gesundheit-soziales-bildung.verdi.de/themen/arbeitszeitumfrage (22.04.23).

[102] Notz, Gisela (2011) „Zum Begriff der Arbeit aus feministischer Perspektive" In: emanzipation.org: https://emanzipation.org/wp-content/uploads/2021/12/e_1-1_notz.pdf (22.04.23).

[103] Vgl. Simone de Beauvoir „Das andere Geschlecht. Sitte und Sexus der Frau" (Rowohlt Verlag, 2000).

[104] Marçal, Katrine (2016) „Machonomics: Die Ökonomie und die Frauen" (Verlag C.H.Beck), S. 155.

Interview mit Sascha Verlan

[105] Spektrum der Wissenschaft „Lexikon der Psychologie: Geschlechtlichkeit“: https://www.spektrum.de/lexikon/psychologie/geschlechtlichkeit/5796 (10.06.23)

[106] Homepage Wirtschaft ist Care: https://wirtschaft-ist-care.org/ (22.04.23).

[107] Equal-Care-Day (2023) „Danke! Equal Care Day“ 1.3.2023: https://equalcareday.de/ (22.04.23).

[108] Meier-Gräwe (2021) „Weibliche Ökonomie“ fes.de: https://www.fes.de/landesbuero-nrw/artikelseite-landesbuero-nrw/weibliche-oekonomie (22.04.23).

[109] Ebd.

[110] Ebd.

[111] Equal-Care-Manifest (2022) „Mitmachen: Equal Care – Manifest, die Kurzfassung“: https://equalcareday.de/manifest-kurzfassung/ (22.04.23).

[112] Meier-Gräwe (2020) „Wirtschaft neu ausrichten: Wege in eine care-zentrierte Ökonomie“ bpb.de: https://www.bpb.de/shop/zeitschriften/apuz/care-arbeit-2020/317855/wirtschaft-neu-ausrichten/ (22.04.23).

[113] Erler, Gisela (1987) „Das Müttermanifest Thesenpapier“: zwanzigtausendfrauen.at: https://zwanzigtausendfrauen.at/2011/05/das-muttermanifest-thesenpapier-1987-von-gisela-erler/ (22.04.23).

WEITERE TITEL IM MAGAS VERLAG

- **Was ist obszön?,** Rokudenashiko, übersetzt v. A. Fleiter, 2022. Ein Manga über Vulvakunst, 2022. ISBN: 978-3-949537-06-6

- **Dringend rotwendig,** K. Pickering & J. Bennett, übersetzt v. M. Hopp, 2022. Warum wir eine Revolution der Menstruation brauchen bevor wir echte Gleichberechtigung erreichen können. ISBN: 978-3-949537-05-9

- **Was im Wochenbett wichtig ist,** S. Messager, übersetzt v. S. Schulte, 2022. Tipps und Ideen wie wir Wöchnerinnen stärken können. ISBN: 978-3-949537-01-1

- **Warum Stillen politisch ist,** G. Palmer, übersetzt v. I. Hagedorn, 2022. Über die komplexen Kräfte und Motive, die hinter unserer scheinbar individuellen Still-Entscheidung stehen. ISBN: 978-3-949537-00-4

- **Die Gebärhaltung der Frau,** L. Kuntner, 2022. »Dieses Buch darf als Standardwerk im Hebammenwesen bezeichnet werden«, Deutscher Hebammenverband. ISBN: 978-3-949537-02-8

- **Fünf Julias,** M. Souza, übersetzt v. P. Bös, 2022. Ein packender Coming-of- Age Roman über junge Frauen und soziale Medien, 2022. ISBN 978-3-949537-04-2

- **Geburt von der Stange?,** hrsg. von H. Dahlen, B. Kumar- Hazard, V. Schmied, übersetzt v. H. Freiwald, 2022. Über die Verletzung von Menschenrechten innerhalb des Geburtshilfesystems. ISBN: 978-3-949537-03-5

- **Gebären wie eine Feministin,** M. Hill, übersetzt v. S. Heidelberger, 2022. Ein Leitfaden für alle, die sich fragen, was sie konkret zur Verbesserung der Geburtssituation beitragen können. ISBN: 978-3-949537-07-3

- **Fakten über Transgender**, H. Joyce, übersetzt v. S. Heidelberger, 2023. Was Sie schon immer über die neue Transbewegung wissen wollten, sich aber nie zu fragen getraut haben. ISBN: 978-3-949537-10-3

Alle Titel sind auch bestellbar über www.magas-verlag.de

Bücher, die Frauen stärken.